FORA DA LATA

Este livro celebra os 17 anos de Brownie do Luiz
(e os 32 anos do Luiz do Brownie).

LUIZ QUINDERÉ

FORA DA LATA

COMO UM BROWNIE MUDOU A MINHA VIDA

Rocco

Copyright © 2022 *by* Luiz Quinderé

Concepção de projeto gráfico: Luiz Felipe Rondinelli

Direitos desta edição reservados à
EDITORA ROCCO LTDA.
Rua Evaristo da Veiga, 65 – 11º andar
Passeio Corporate – Torre 1
20031-040 – Rio de Janeiro – RJ
Tel.: (21) 3525-2000 – Fax: (21) 3525-2001
rocco@rocco.com.br
www.rocco.com.br

Printed in Brazil/Impresso no Brasil

Preparação de originais
MARIANA RIMOLI

CIP-Brasil. Catalogação na publicação.
Sindicato Nacional dos Editores de Livros, RJ.

Q62f

Quinderé, Luiz
  Fora da lata: como um brownie mudou a minha vida / Luiz Quinderé. – 1. ed. – Rio de Janeiro : Rocco, 2022.

  ISBN 978-65-5532-214-9
  ISBN 978-65-5595-102-8 (e-book)

  1. Quinderé, Luiz. 2. Empresários – Brasil – Biografia. 3. Autobiografia. I. Título.

21-75149
CDD: 926.58
CDU: 929:658

Meri Gleice Rodrigues de Souza – Bibliotecária – CRB-7/6439

O texto deste livro obedece às normas do Acordo Ortográfico da Língua Portuguesa.

AGRADECIMENTOS

Claudio Popó, Renata Quinderé, Lucas Quinderé, Dani Guimarães, Nicolau Villa-Lobos, Miranda Villa-Lobos, Dado Villa-Lobos, Fernanda Villa-Lobos, Antonieta Costa, Luiz Felipe Rondinelli, Paulo Sergio Andrade, Vania Maria Filgueiras, Guilherme Lito, Guilherme Barros, Thomaz Falcão, Lucas Djadjah, Tomas De Lara, Pedro Coutinho, Raphaela Prado, Camila Nagem, Raquel Brandão, Guilherme Teixeira, Carolzinha, Fábio Lewin, Bruno Lewin, Ricardo Vontobel, John Salén, Cissa Guimarães, Rafael Mascarenhas, Regina Casé, Estevão Ciavatta, Benedita Zerbini, João Pedro Januário, Luis Antonio Rodrigues, Dina Rosman, Eric Batalha Guimarães, Leonardo Drummond, Duda Vieira, Bruninho Brin, Helmut Hossmann, Angela Guimarães, Vanessa Guimarães, Alice Guimarães, José Gil, Bela Gil, Francisco Gil, JP Demasi, Gilberto Gil, Guilherme Figueiredo, Valeria Caldi, Celso Henrique Valente, Lucas Figueiredo, Luciana Quinderé, Cristina Quinderé, Paulo Quinderé, Adriana Quinderé, João Quinderé, Roberta Quinderé, Vicente Quinderé, Antonio Quinderé, Breno Quinderé, Miguel Quinderé, Priscila Marcarian, Daniel do Mate, Isabela de Azevedo, Lara Rondinelli, Pedrinho Salomão, Felipe Bazílio, Michelle Morais, Gabriela Porto, Renata Carvalho, Pedro Bucher, Thiago Tarm, Pedrinho Barassi, Luiz Felipe Carvalho, Raphael Zaremba, Ruberto Uchoa, Vinícius Campos, Leo Zajdenweber, Morais Mecânico, Alexandre Cunha, Talita Marinho, Portugas do Açougue, João Pedro Gonçalves, Arthur Bolacell, Gabriel Drumond, Davy Dutra, Diego Badaró, Marcelo De Lamare, Felipe Moura, Diogo Acosta, Carolina Martins, Hare Rapha, Fi Orlando, Giovanna Bins, Rodrigo Ferrer, Marcus Vinícius Rondinelli, Rafael Di Celio, Camila Nagen, Bruna Andrade, Hamilton Henrique, Luiz Amaral, Caio Dismore, Edmar, Audrey Banzi, Zaffaroni, Lutchuli Ayodele, Francisco Gil, Larrisa Alves, Fernanda Romano, Ronaldo Rodrigues, Jefferson Palacio, Marcio da Silva, Leandro dos Santos, Mailson Filgueiras, Giselle Santos, Vanessa Simões, Cristiane Soares, Josué Cardoso, Renato Pacheco, Breno da Silva, Gabriel Araujo, Ingrid Vargas, Maria Celia do Nascimento, Gabriel Lucas, Leonardo Mesquita, Ana Claudia Nascimento, Diego da Silva, Tatiane Garcia, Sarah dos Santos, Vivian Oliveira, Cassiano Pereira, Felipe Moura Siqueira, Alexander Florêncio Viana, Aline Schuindt, Amanda Santos, Ana Paula Vianna, Anderson de Andrade, Anilson dos Santos, Breno Alves, Bruno dos Santos, David Simões, Edmilson Ferreira, Ednalda da Silva, Erica Cirilo, Gloria Beatriz de Brito, Igor dos Santos Machado, Isabela Cruz Araujo, João Henrique Teixeira, Arimatea da Costa, Joyce Novais, Guilherme Marques, Leandro dos Santos, Leonardo Faraco, Luiz Alvez Sobrinho, Luiz Fernando Eduardo, Jhone Oliveira, Roselia Filgueiras, Maycon Oliveira, Mayra Camolese, Pamella Nunes, Rebecca Alves, Romualdo Filho, Vanusa dos Santos, Wesley dos Anjos, Willian Fernando Correa Rancho Sonhado, Walter Gabriel, Pillar Buss, Coco Legal, Bendita Tortas, Yuca Pão de Queijo, Kuba Áudio, Tal Passeadores, Lupe Distribuidora, Kunthy Sorvetes.

Os nomes acima pertencem a pessoas e empresas muito importantes para a construção desta história. Dedico esta obra a todas elas, mas especialmente aos meus pais, Claudio Valente e Renata Quinderé; à minha namorada, Dani Guimarães; à Miranda Villa-Lobos, que me passou a receita do brownie há 17 anos; ao Fabio Rejgen e a Editora Rocco, que me ajudaram a escrever e publicar este livro; e aos meus sócios, Guilherme Barros, Luiz Felipe Rondinelli, Lucas Figueiredo, Lucas Quinderé, Nicolau Villa-Lobos, Paulo Sérgio e Vânia Filgueiras. Sem vocês este livro não existiria.

SUMÁRIO

Prefácio | 9

Introdução | 17

Quando a massa passa do ponto:
uns perrengues empreendedores | 23

Baião de dois: de onde veio tudo isso?! | 31

Colocando a mão na massa: meu primeiro brownie | 41

Brownie is the new bolo: rabiscando uma empresa | 49

Treino é treino, jogo é jogo: decidindo o melhor
caminho pro gol | 55

Criando uma miniempresa na escola:
a verdadeira escola da vida | 61

Get back to where you once belonged: brownie na facul | 67

Veneno da lata: oportunidades disfarçadas | 73

Mãe, eu tô na tv!: a primeira vez a gente nunca esquece | 77

O segredo do sucesso: a alma é o segredo do negócio | 83

Um pequeno empresário: conhecendo uma indústria! | 89

Laranjeiras, satisfeito sorri: nossa primeira fábrica | 95

Misturando os ingredientes certos: a importância
na escolha dos sócios | 103

Fincando o mastro na praça da bandeira:
nossa segunda fábrica | 111

Evoluir para expandir: fermentando o negócio | 121

Imprimindo a nossa marca Brasil afora:
a importância de mostrar a nossa cara | 129

Coronavírus: como estamos conseguindo nos safar dessa | 137

A importância de enxergar o lado positivo:
como crescer na adversidade | 143

Nem só de brownie vive o Luiz: diversificando os negócios | 149

PREFÁCIO

Em um sábado ensolarado, o Luiz me chamou para almoçar no Braseiro, um querido (e sempre lotado) restaurante na Gávea, na Zona Sul do Rio de Janeiro, perto da casa dos pais dele. "Mas vamos conseguir mesa ao meio-dia e meia num sábado?", perguntei. "Deixa comigo..."

Tendo crescido praticamente ao lado do restaurante, o Luiz era amigo de todos os garçons e do *maître*. Cumprimentava a todos, perguntava como estavam as crianças e a esposa.

Eu já sabia que o Luiz queria conversar comigo sobre algo relacionado ao Brownie do Luiz. Como éramos amigos próximos desde a infância, e como sou advogado, eu já tinha ajudado o Luiz com alguns assuntos da empresa. Além disso, eu e um grupo de amigos havíamos feito uma proposta para investirmos no Brownie com o objetivo de financiar a expansão da empresa (na época, todos esses amigos — inclusive eu — trabalhavam no mercado financeiro).

O Luiz havia declinado educadamente a proposta meses antes desse almoço, apesar da avaliação milionária que fizemos do negócio que, àquela altura, consistia em um espaço sublocado na fábrica de uns amigos, um sistema de delivery e uma aparição na TV. Ele agradeceu o interesse, mas disse que nós (os amigos capitalistas, por assim dizer) não entenderíamos seus métodos de gestão — e muito menos concordaríamos com eles —, e que ele queria manter a liberdade para tocar o negócio como achasse melhor. Assim seria mais proveitoso para todo mundo. Mal sabia eu que ele não poderia estar mais certo.

Nesse almoço, o Luiz me ofereceu uma participação minoritária na empresa — de graça. Ele me explicou que também estava conversando com outras pessoas que ao longo dos anos haviam contribuído para o negócio. Na visão dele, essa atitude ajudaria a manter essas pessoas, que ele considerava importantes, por perto.

"Legal, muito obrigado!", eu disse. "Mas você entende que todo mundo com quem você está tendo essa conversa *trabalha* com você todos os dias, né? Já eu tenho um emprego e sempre vou te ajudar no que você precisar e no que eu puder, porque sou seu amigo. Então, muito obrigado, mas não precisa!"

Não funcionou.

"Eu sei", retrucou o Luiz. "Mas eu não me importo. Eu sei que você vai me achar maluco. Que você vai achar que eu estou te dando dinheiro."

"É, eu acho. Porque, na prática, é isso mesmo que você está fazendo... Como seu amigo, é muito importante pra mim que você entenda o que está fazendo — em relação a mim e a todos os outros sócios."

E assim a conversa fluiu por mais algumas horas. Falamos sobre o Brownie, sobre como o Luiz via a administração de uma empresa, sobre como deveríamos organizar a governança societária e, não menos importante, sobre o glorioso Botafogo de Futebol e Regatas. O Luiz me explicou que buscava qualidades e formações distintas entre os seus sócios — desde habilidades manuais e criatividade para resolver problemas na linha de produção até design e marketing, passando por ter um cara chato, treinado para pensar em tudo que pode dar errado, como eu. Quando saímos do restaurante, após o Luiz distribuir abraços e brownies para os garçons, eu era sócio do Brownie do Luiz.

Para entender nossa relação e o efeito que nossa convivência causa um no outro é importante que se diga uma coisa: o Luiz sempre foi um sujeito carismático, bom de bola e com um certo desprezo e pouca facilidade para, digamos assim, a vida acadêmica. Eu, por outro lado, sempre fui mais quieto, era o goleiro do time da escola (o que é um híbrido estranho: você é do time, mas ao mesmo tempo o status é outro, principalmente no ensino médio), e sempre fui bom aluno. Nenhum de nós nunca se encaixou nos estereótipos bobos de *high school*, mas para fins ilustrativos dá para dizer que o Luiz era o cara popular e eu estava mais pra um nerd mais ou menos enturmado. E nós sempre nos demos muito bem e tivemos por hábito ficar horas trocando ideias — talvez por nossas diferentes perspectivas de mundo.

Nos anos que seguiram àquele almoço, fizemos muita coisa juntos — como amigos e como sócios. Entre muitas outras coisas, trabalhei em tempo integral no Brownie por alguns meses, antes de me mudar para os Estados Unidos para fazer um mestrado. Se eu já era familiarizado com o carisma do Luiz desde criança, o efeito que ele causava nas mais diversas pessoas com quem interagia diariamente não me era tão claro.

Observar por alguns meses como o Luiz gerenciava o Brownie no dia a dia foi uma experiência fascinante. Pude ver na prática que ele sempre busca escutar e dar autonomia a todos que trabalham com ele — do pessoal da fábrica, sugerindo melhorias no processo produtivo ou em novos produtos, aos sócios. Como bom devorador de livros que sou, comecei a me educar sobre gestão horizontal.

Quando conversamos sobre um livro que eu estava lendo (e que ele também tinha começado a ler, mas até onde eu sei nunca terminou), Luiz resumiu todo o meu blá-blá-blá mais ou menos assim: "É, quem está todo dia falando com o cliente e vendendo o bolinho na loja não sou eu. É o cara que trabalha na loja. Eu tenho que ouvir o que esse cara tem a dizer, e ele precisa estar motivado para pensar em como pode melhorar a experiência das pessoas que interagem com ele todos os dias." E emendou: "Tem cliente que é fã, que vai na loja às vezes só para conversar com os vendedores, ou para que os filhos fiquem alegres só em dar um 'oi' para os seus amigos do Brownie do Luiz que trabalham na loja. Isso é demais!"

Que fique claro: o Luiz entende absolutamente tudo de, como ele mesmo gosta de dizer, "fazer bolinho". Mas ele sabe que ele é um só, fazendo mil coisas, e que cada pessoa traz um conjunto único de perspectivas, com um poder e um alcance imensos. E essa postura nunca foi limitada a iniciativas que teriam impacto lucrativo óbvio, muito pelo contrário.

O que mais me empolgava durante os meus poucos meses no dia a dia da empresa era justamente que o Luiz — e todo o time — sempre dava corda para todo mundo propor e iniciar projetos nas mais diversas frentes. Ele realmente pensa que o negócio dele, no final do dia, não é vender bolo de chocolate em si.

É, seja lá o que for, o conjunto de ideias que vem de todo mundo que colabora nesse projeto, desde todos os funcionários e fornecedores até os clientes. E que o conjunto do que deixa todo mundo mais feliz é o que faz a empresa acontecer. Na prática, isso hoje se traduz em produção e venda de toneladas de deliciosos e variados brownies, mas pode ser que no futuro a jornada leve também para outros lugares.

Pode soar fantasioso, mas o cara realmente enxerga o crescimento pessoal de todos os colaboradores como um fim em si mesmo. Tinha dias que eu saía do trabalho achando que ele era um gênio e em outros achando que ele era louco. Em algum momento percebi que um não existe sem o outro...

Naquele tempo, contribuí para a empresa em diversas frentes. Trabalhei na expansão comercial e na resolução de pepinos em geral. Além disso, capitaneei um projeto interno educacional. Não me lembro exatamente como surgiu a ideia de começarmos o projeto no Brownie, mas sempre tive vontade de montar um pequeno curso para discutir e ensinar elementos básicos dos sistemas político, econômico e jurídico brasileiros. Sentia que, ainda que eu tenha frequentado excelentes colégios e faculdade, mesmo meus colegas tinham conhecimentos limitados nessas áreas, todas tão importantes para o exercício da cidadania.

Essa era uma aspiração — e uma paixão — minha. O Luiz, por exemplo, detesta política e passava muito longe de dominar boa parte dos assuntos dos quais eu queria tratar. Mas ele adorou a ideia. Assim, combinamos que eu organizaria um programa e ofereceria o curso gratuitamente para qualquer colaborador do Brownie que quisesse participar, durante o horário de trabalho. Investi um tempo para montar dinâmicas interativas (um vídeo no YouTube vale mais do que cem páginas de teoria para explicar, por exemplo, por que separação entre os Poderes é importante, e a nota fiscal de uma geladeira é um ponto de partida mais interessante para falar do sistema tributário brasileiro do que o Código Tributário Nacional), e começamos os trabalhos.

Para minha surpresa, a demanda pelo curso e a participação foram altíssimas. As trocas entre os diversos colaboradores do Brownie — dos entregadores a nosso próprio presidente (ele mesmo, o Luiz!) —, cada um trazendo para a discussão suas diferentes bagagens de vida, foram fantásticas. A partir desse projeto, o Brownie começou um movimento em que qualquer colaborador poderia propor um curso e, se houvesse demanda, o curso aconteceria. Rolaram desde cursos de finanças pessoais até de marcenaria.

Em um pensamento tradicional de negócios — em especial de pequenos negócios —, o que fizemos foi pegar algumas horas por semana dos colaboradores e, em vez de as usarmos para aumentar a produtividade da empresa, nós as "jogamos fora". No entanto, para o Luiz, estávamos investindo em deixar as pessoas que diariamente trabalham duro para fazer o Brownie acontecer mais felizes, realizadas e empoderadas. Porque alguém que se sente pertencendo ao negócio, e que está feliz ali, no fim das contas vai fazer um trabalho melhor e mais eficiente.

Essa mentalidade também encontra respaldo na literatura mais moderna sobre negócios. Mas, como mencionei antes, não é que o Luiz seja exatamente o cara que foi para uma biblioteca e leu todos os livros de *business* disponíveis. Ele tem mesmo uma convicção inabalável de que é fundamental que esteja todo mundo feliz e de que todos possam se sentir confortáveis em dar ideias — pouco importa o que os livros dizem a respeito disso.

Após o meu curto período contribuindo em tempo integral para o Brownie do Luiz, segui com meus planos no Direito. Mudei de país, passei mais horas e horas em bibliotecas, conheci um monte de gente nova, virei até "advogado gringo". E sigo firme e forte como amigo, sócio e admirador de uma das pessoas com quem mais aprendi e que mais me inspirou. Espero que nas próximas páginas você, cara leitora ou caro leitor, também tenha o prazer de desfrutar dessa companhia que há tantos anos me ajuda a crescer como pessoa.

Guilherme Smolarek de Barros
Nova York, 25 de abril de 2020

INTRODUÇÃO

Meu sonho era conseguir escrever um livro a partir do qual eu pudesse inspirar as pessoas, principalmente empreendedores ou aspirantes a empreendedores, com a minha história. E também provar para mim mesmo que eu era capaz de fazer isso! Afinal, a minha carreira acadêmica não foi lá das melhores. Fui expulso do colégio, larguei a faculdade no meio do caminho... E mesmo sem nunca ter tirado uma nota maior que seis em redação na escola, cheguei aqui, ao meu primeiro livro. Ou algo parecido.

Faço parte de um time que acredita que brownies são capazes de transformar vidas. Porque desde 2005, na cozinha da casa dos meus pais, a alma sempre foi o segredo do nosso negócio. Queremos promover não só mudanças nas relações profissionais, mas também na forma de fazer negócios e, principalmente, na cidade em que vivemos.

Nas próximas páginas será possível conhecer um pouco mais sobre mim, sobre nós e o que é verdadeiramente a essência do Brownie do Luiz.

Antes que você comece, porém, tenho que te lembrar de uma coisa: o nosso mundo está se transformando.

E em uma velocidade muito rápida. Então, tenha em mente que, enquanto você lê esse livro, eu posso já ter mudado de opinião sobre determinados assuntos...

De qualquer forma, divirta-se. E aprecie sem moderação.

Como foi escrever este livro?

Já era hora de contar um pouco mais além do que as pessoas já sabem sobre o Brownie do Luiz. Quando decidi fazer isso, tínhamos mais de dez anos de existência.

Comecei a escrever este livro no dia 9 de julho de 2016. Resolvi rascunhar algumas coisas e logo percebi que não estava conseguindo mesclar as duas histórias: a do Luiz e a do Brownie do Luiz. Então abri dois arquivos e comecei a escrevê-las separadamente — ainda que, em certas ocasiões, é claro, elas se misturassem.

Foram quatro anos para concluir este projeto. Precisei fazer muitas alterações, porque muita coisa aconteceu nesse período e foi necessário atualizar a história.

Aprendi muito no processo e comecei a ter outra visão do negócio. Ao pegar um livro para ler, passei a reparar em coisas que para mim, até então, eram absolutamente invisíveis, como design de capa, *layout*, diagramação, forma de escrita, dinâmica...

Nesse tempo, recusei alguns *ghostwriters*, aqueles profissionais que escrevem o livro para outra pessoa.

INTRODUÇÃO

Meu desejo era escrever esse capítulo da minha vida com as minhas próprias palavras.

Uma pessoa que me incentivou muito a não desistir, apesar de ele nem saber disso, foi o escritor Jessé Andarilho, que conheci em um dos episódios do programa *Fora da Caixa*. Em 2014, Jessé escreveu um livro de ficção utilizando somente o celular, no caminho que fazia diariamente de trem até o trabalho.

Conversando sobre o processo de escrita, ele me disse: "Não importa se você é o Guimarães Rosa ou a J.K. Rowling, todo livro começa com a primeira palavra." E ao longo desses anos foi mais ou menos assim, palavra por palavra, sem pressa.

O livro ficou a maior parte do tempo em segundo plano, mas sempre que tinha um tempo eu futucava os arquivos e acrescentava coisas novas para sabe-se lá quando eu finalmente conseguisse lançá-lo. Até que um dia, em uma das nossas reuniões diárias no Brownie, fui colocado contra a parede: "E aí, Luiz... e o livro? Quando vai sair?"

Estávamos no meio de 2019, e eu já caminhava para o terceiro ano patinando nesses textos sem conseguir sair muito do lugar. Ou melhor, sem saber exatamente para onde ir. Eu já tinha várias anotações, mas nada muito organizado para que pudesse ter um lançamento de imediato, mas o desejo de fazer este livro era imenso. Na verdade, era uma necessidade que precisávamos suprir.

Foi então que, exatamente no dia seguinte àquela reunião diária com os sócios do Brownie, sem saber de absolutamente nada — mesmo porque a gente nem se conhecia! —, o telefone do escritório tocou. Do outro lado da linha, um cara chamado Fabio Rejgen, escritor e fã do Brownie do Luiz, sem ter a menor ideia de que eu já tinha iniciado um esboço havia um tempo, ofereceu-se para escrever a minha história. Era o sinal! Marcamos uma reunião na semana seguinte e logo começamos o processo de organização do que eu já havia escrito e a produção de novos trechos. Ficamos amigos. Ele melhorou a minha escrita, complementou os textos e me pressionou para marcarmos reuniões e criarmos metas para que conseguíssemos lançar o livro.

O mais legal de toda essa história foi a confiança que tivemos um no outro desde o início. Eu não conhecia o Fabio e simplesmente abri completamente a minha vida — e a vida do Brownie — para ele, que, por ser fã, já sabia bastante coisa sobre nós.

Esse conhecimento facilitou bastante o nosso trabalho. Durante alguns meses, batemos muita bola sobre a melhor maneira de contar esta história para você. Contamos ainda com o apoio do meu grande amigo e sócio Guilherme Barros, que escreveu o prefácio do livro e ajudou a revisar o texto.

Para tirar essa ideia do papel, chamei meu guru da comunicação, amigo de longa data e um dos sócios do Brownie, Luiz Felipe. Desde a primeira reunião, ele já se deu superbem com o Fabio, que, além de escritor, é também publicitário e designer. Chamei ainda o Rafael Di Celio, amigo de infância, grande fotógrafo e

INTRODUÇÃO

criador do Veneno da Lata — conto essa história mais adiante —, para ajudar na capa.

Com esse time formado, começamos a elaborar as mais loucas ideias para que tivéssemos um produto único. E acho que conseguimos.

Nas reuniões, vários assuntos eram colocados em pauta: Como o livro vai se chamar? Qual vai ser o subtítulo? O que colocar na capa? Como as fotos estarão organizadas? Vai ter QR Code para vídeos? Como vamos promover o acesso ao conteúdo para pessoas com deficiência visual? Onde vamos imprimir?

Quando comecei, eu não imaginava que esse fosse um processo tão pesado. Senti na pele que escrever um livro não é simplesmente sentar e escrever. Pelo menos, não pra mim.

Todos esses questionamentos me fizeram procurar ajuda. Senti que estava preparado para conversar com uma editora. O conteúdo do livro estava pronto, já tínhamos tirado fotos de divulgação e para a capa e começado o processo de diagramação. Então resolvi marcar uma reunião com a editora que eu mais admiro, a Rocco (afinal, eles que fazem os livros da Clarice Lispector e os da série Harry Potter aqui no Brasil).

A primeira reunião foi amor à primeira vista. Eles adoraram a ideia do livro, falaram que já chegamos com um produto mais pronto do que a maioria dos escritores e que eles tinham muito interesse em publicar. Aproximadamente dois meses depois assinamos contrato. E foi uma das melhores coisas que fiz. Eles me deram um suporte essencial para que o livro nascesse.

Além da ajuda da Rocco foi preciso também o auxílio da família e dos amigos, que colaboraram para que eu me lembrasse de tantas coisas que já aconteceram até aqui.

O *Fora da lata* foi pensado para que você pudesse ter as mais variadas experiências. Então, do fundo do meu coração, espero que você realmente goste muito deste livro, porque ele foi feito com muito cuidado e carinho.

1

QUANDO A MASSA PASSA DO PONTO: UNS PERRENGUES EMPREENDEDORES

"Leve na sua memória, para o resto da vida, as coisas boas que surgiram nas dificuldades. Elas serão uma prova de sua capacidade e lhe darão confiança diante de qualquer obstáculo."

— Chico Xavier, médium e filantropo

Naquele dia fazia um calor absurdo no Rio de Janeiro. Era pleno verãozão carioca e o sol bombava do lado de fora. Faltavam duas semanas para o Natal, um período que para nós, assim como a Páscoa, representa o maior movimento da empresa.

Justamente naquele dia, enquanto as pessoas aproveitavam o calor nas praias e o nosso pessoal acelerava os processos na fábrica, eu não acordei legal. Estávamos no final de 2017, era 15 de dezembro, e ao abrir os olhos às seis da manhã, como faço todos os dias, senti que algo não estava bem. A minha cabeça acordou latejando sem parar.

Na esperança de que aquela dor desaparecesse, tomei uma água de coco e voltei a me deitar. Mas não adiantou. E a dor começou a ficar insuportável.

Percebendo que eu não tinha a menor condição de trabalhar, cancelei todos os meus compromissos, peguei o meu Fusca e parti direto para a casa dos meus pais.

Sim... Eu tenho um Fusquinha 1980, que apelidei de "Tapioca". Não sei como nem por quê, mas desde pequeno sempre fui apaixonado por Fuscas. Então, na primeira oportunidade que tive, comprei um para mim.

Tapioca é todo branco e, além de uma logo gigante do Brownie do Luiz na porta do carona, tem também placa de Nova Iorque, cidade do interior do Maranhão. Essa placa era um sonho de infância do meu pai. E, como bom filho que sou, acabei realizando esse sonho por ele.

Como a Lei de Murphy é uma das poucas leis que realmente funcionam no Brasil, no caminho entre Laranjeiras, onde eu dividia um apartamento com um sócio e mais dois amigos, e a Gávea, onde moravam os meus pais, acabei ficando preso em um engarrafamento monstruoso na rua Jardim Botânico. O trânsito simplesmente não andava. Cheguei a achar que eu ia desmaiar. Nem as lindas árvores do próprio Jardim Botânico — um lugar que eu adoro e onde o meu pai trabalhou durante alguns anos — foram capazes de me animar. A dor martelava ainda mais forte no meu crânio. E, mesmo com a sensação térmica dentro do meu Fusquinha sem ar-condicionado chegando a uns cinquenta graus, meu corpo começou a gelar.

Depois do que pareceu uma eternidade, finalmente consegui chegar à casa dos meus pais. Àquela altura, a dor, que já era gigantesca, foi ficando cada vez maior. Eu nunca havia sentido nada igual na minha vida. Ao me ver naquele estado, a minha mãe não quis esperar e me levou imediatamente para uma emergência.

Sem ter a menor preocupação em me examinar com cuidado, o médico me diagnosticou com enxaqueca e me mandou para casa, dizendo que bastaria eu tomar alguns remédios para que já me sentisse melhor nos dias seguintes.

Voltei para a casa dos meus pais e passei o resto do dia deitado na cama deles tomando os medicamentos que o médico havia receitado. Mas a dor insistia em não me deixar em paz nem um minuto sequer.

No dia seguinte eu me vi em um estado que me fez implorar para que os meus pais me levassem de volta ao hospital. A minha mãe havia percebido que o primeiro atendimento não tinha sido adequado e resolveu chamar o médico da nossa família para me acompanhar.

Como em um filme, onde uma cena corta para começar a outra, eu só me lembro de estar deitado na cama do hospital, cercado pelos meus pais e pela minha namorada, com o médico me pedindo para encostar o queixo no peito. Eu não conseguia de jeito nenhum e, logo depois de o médico me apalpar, fui diagnosticado com meningite.

Meus pais começaram a chorar, mas se retiraram antes que eu pudesse perceber as suas lágrimas caindo. Minha namorada, mesmo assustada, segurou melhor a onda. Chegou perto de mim, me fez um carinho e disse que ia ficar tudo bem.

A meningite é uma infecção na membrana que envolve o cérebro. A doença tem alguns níveis e, dependendo da gravidade, pode levar à morte em pouquíssimo tempo. Ela não tem prevenção e pode atingir qualquer pessoa que esteja com a imunidade baixa. O que era exatamente o que estava acontecendo comigo naquele momento.

Eu vinha enfrentando um período de estresse intenso. Estava rodeado de problemas e preocupações. O país passava por uma das maiores crises da história, víamos diversas empresas estabelecidas há anos fechando as suas portas e o desemprego chegando a números cavalares. Nunca tivemos tão pouco dinheiro no caixa da empresa. Na verdade, pela primeira vez, estávamos devendo dinheiro.

O problema é que, não bastassem as dificuldades econômicas, tínhamos começado a enfrentar uma turbulência com parte da nossa equipe. As coisas, que já não estavam tão bem, começaram a sair ainda mais do controle e alguns funcionários, insatisfeitos, acabaram indo embora.

Para piorar, tínhamos descoberto rombos enormes em nossas finanças, algo que era completamente inimaginável para mim, e isso me abalou profundamente. Sempre acreditei que a minha afinidade com todas as pessoas da empresa ultrapassava a simples relação patrão-empregado. Infelizmente, acabei aprendendo da pior maneira que algumas dessas relações não eram como eu imaginava. E saber que funcionários estavam me roubando foi como uma punhalada nas costas.

Depois de uma bateria de exames, os médicos descobriram que a meningite não estava no estágio mais grave e que não havia nenhum risco de morte. Porém, orientaram que eu passasse aquela semana de repouso no hospital e que só voltasse a trabalhar depois de pelo menos trinta dias.

Eu tinha 27 anos, a empresa já funcionava havia doze, passávamos por um dos momentos mais difíceis de sua trajetória, no mês mais complicado do ano, e eu estava ali, em uma cama de hospital, impotente e sem poder fazer nada para ajudar. Pela primeira vez na vida achei que o Brownie do Luiz pudesse acabar. E isso me deixava ainda mais angustiado.

Mas eu sabia que deveria me poupar naquele momento para que pudesse me fortalecer para o futuro. Me forcei a não fazer nenhuma ligação e a não tomar conhecimento de nada que estava acontecendo, para que eu pudesse sair do hospital em perfeitas condições. Entendi que somente assim, estando pleno, eu conseguiria fazer alguma coisa pela empresa.

Aproveitei aquele período de descanso forçado e comecei a trabalhar o meu ócio criativo, inclusive escrevendo algumas páginas deste livro. Voltei anos no tempo, o que me permitiu questionar cada decisão que me levou a chegar ao ponto em que estava. Eu precisava entender em que parte do processo eu havia errado.

Fiquei aquela semana inteira tentando encontrar essa resposta, totalmente em vão. Minhas ideias estavam muito confusas, e a sensação que eu tinha era horrível. Cheguei a pensar que todo o esforço e dedicação ao longo de todos aqueles anos estavam sendo jogados no lixo.

Eu sempre tive uma resposta para tudo. Sempre tive algum tipo de solução para todos os problemas do Brownie do Luiz. Naquele momento, porém, pela primeira vez eu não fazia ideia de como contornar a situação. E talvez tenha sido esse o real motivo que acabou me levando para a cama de um hospital.

Mas eu sempre fui arretado, nunca consegui ficar muito tempo longe do trabalho, e depois daquela semana internado e de outra semana repousando em casa, mesmo sabendo que não podia, às vésperas do Réveillon, marquei uma reunião com os meus sócios. Eu precisava ter uma nova conversa com eles, porque a nossa reunião anterior havia sido horrível. Tínhamos falado de temas muito pesados, como roubos, saídas de funcionários muito importantes e dos nossos números, que estavam indo de mal a pior. Eu precisava entender melhor tudo que havia acontecido no Natal, saber como tínhamos fechado o caixa do ano e como estavam todos os demais problemas que acabei deixando em aberto.

Foi então que, antes que eu sequer conseguisse me expressar, meus sócios me interromperam e começaram a falar. Meus olhos estavam cobertos por uma fumaça de problemas. Mas eles me fizeram enxergar algo que, no estágio em que nos encontrávamos e no auge de todas aquelas dificuldades, eu não tinha percebido.

Eles me lembraram de tudo que havíamos feito, das relações que tínhamos construído, e me fizeram perceber que não tinha sido para aquilo que havíamos criado o Brownie do Luiz. O nosso propósito era algo muito maior. Exatamente o oposto do que estávamos vivendo naquele momento.

Ouvir de suas bocas que a empresa significava muito para cada um deles e que eles não deixariam aquela história acabar foi um dos momentos empresariais mais emocionantes e marcantes que já vivi até hoje. E tão emocionante quanto isso foi perceber que eles resolveram tudo sem mim. Isso reforçou ainda mais a minha convicção de que o mais importante em uma empresa são as pessoas.

Foi ali que caiu a ficha de que aquele seria somente mais um desafio pelo qual passaríamos juntos. Era tudo o que eu precisava ouvir deles. Era o combustível que eu precisava para darmos a virada.

Lembro-me do Paulinho, um dos meus sócios, no final da reunião, falando: "Não se preocupa, Luiz, essa é só mais uma página do nosso livro." Eu só não imaginava que seria o primeiro capítulo...

2

BAIÃO DE DOIS: DE ONDE VEIO TUDO ISSO?!

"Como todo caso de sucesso imediato, demorou 20 anos para acontecer."

— Sam Walton (fundador do Walmart)

Eu sou o famoso *workaholic*.

Sou viciado em trabalho, porque faço isso com pessoas que amo e porque tenho liberdade e autonomia para expressar os meus valores e as minhas crenças.

Mas existe também outro fator que explica bem todo o meu tesão pelo trabalho. E ele vem de cima. Mais precisamente da parte de cima do Brasil.

O sangue que corre nas minhas veias é de origem nordestina. E só quem conhece esses cabras da peste sabe o que esse pessoal rala e o quanto eles dão valor a cada gota de suor que cai do seu rosto.

Somos reflexo dos nossos pais — pelo menos eu sou dos meus. A criação que recebemos deles diz muito sobre quem nós somos. E comigo não é diferente. Tenho uma família maravilhosa e sou eternamente grato por toda a educação, todo o amor e todo o carinho que sempre recebi dos meus pais ao longo da vida. Eles sempre acreditaram nos meus sonhos, e é por causa do apoio deles que eu consegui chegar aonde cheguei.

Por isso eu jamais poderia começar a contar a minha história sem passar pela deles, que são as pessoas mais importantes da minha vida e os meus objetos de inspiração. Afinal, sem eles eu nem estaria aqui agora para escrever este livro.

Minha mãe, Renata Quinderé, nasceu em Fortaleza, no Ceará, mas morou a infância toda em São Luís do Maranhão. Na verdade, essa é uma história bem peculiar na minha família. A matriarca dos Quinderé, Vovó Arlita (ou Véia Master, como eu carinhosamente a chamo), também nasceu no Ceará, mas sempre morou no Maranhão. Essa ligação com os dois estados a levava a fazer um caminho curioso. Nos últimos meses da gravidez de cada filho, ela pegava um avião no Maranhão e viajava para o Ceará, de modo que seus filhos também pudessem nascer lá, retornando a São Luís logo após suas crias chegarem ao mundo. Isso aconteceu com quatro dos seus cinco filhos. Somente a caçula, tia Adriana, que nasceu prematura de seis meses, acabou sendo a única maranhense da parte materna da minha família.

A vida da minha avó, do meu avô, da minha mãe e dos meus tios era bastante confortável até uma tragédia se abater sobre toda a família. No dia 11 de julho de 1973, quando minha mãe tinha apenas 11 anos, seu pai, Clayrton Luiz, morreu em um famoso acidente de avião, o voo Varig RG 820, que tinha saído do aeroporto do Galeão, no Rio de Janeiro, com destino a Londres.

Meu avô era engenheiro civil, tinha uma mina de gesso e construía rodovias. Ele estava viajando a trabalho para fechar o maior contrato da sua carreira empresarial. Meu nome é uma homenagem a ele. E sorte a minha só terem colocado o Luiz. Não consigo imaginar como seria se fosse Brownie do Clayrton.

A tragédia começou com fogo no banheiro do avião, quando a aeronave já estava em procedimento de descida no aeroporto de Orly, na França, onde o voo faria uma escala. Aparentemente, um dos passageiros foi fumar no banheiro, ocasionando um pequeno incêndio. Pode parecer estranho, mas na época era permitido fumar em aviões.

A aeronave foi obrigada a fazer um pouso de emergência em um campo de cebolas, mas àquela altura a maioria das pessoas já tinha morrido intoxicada pela fumaça. Foram 123 mortes ao todo. Apenas um passageiro — de quem por acaso já assisti a uma palestra na internet — e dez tripulantes sobreviveram.

O acidente teve repercussão mundial. Além do meu avô, morreram também o cantor Agostinho dos Santos, a atriz e *socialite* Regina Lecléry, o iatista Jörg Bruder, o senador e então presidente do Senado Federal Filinto Müller e os jornalistas Júlio Delamare e Antônio Carlos Scavone.

Em horas como essas é que começamos a ter uma melhor noção do significado da palavra "importância". Embora o meu avô tenha sido a pessoa mais importante do mundo para minha mãe, minha avó e meus tios, foi triste constatar que, para o *Jornal Nacional*, que noticiou naquele dia o acidente divulgando os nomes citados anteriormente, ele não tinha a mesma importância...

O piloto sobreviveu e foi condecorado como herói, tanto na França quanto no Brasil. Afinal, conseguir pousar o avião e ainda salvar onze vidas havia sido de fato uma façanha. Mas curiosamente — e aqui eu deixo a bola quicando para aqueles que gostam de uma teoria da conspiração —, seis anos depois, em 1979, esse mesmo piloto comandou outro famoso voo da Varig, o RG 976. O avião, que levava uma carga milionária de pinturas do nipo-brasileiro Manabu Mabe, um dos pioneiros da pintura abstrata no Brasil, desapareceu sem deixar vestígios após decolar do aeroporto de Narita, em Tóquio, com destino ao Rio de Janeiro e escala em Los Angeles.

A morte do meu avô mudou significativamente a vida da minha avó e dos seus cinco filhos. O sustento de toda a família vinha exclusivamente dele. Porém — e olha que fato curioso —, mesmo sendo um empresário muito bem-sucedido, ele não havia adquirido um grande patrimônio. Possuía apenas a casa onde moravam e um salário que propiciava muito boas condições de sustento a todos.

Com isso, minha avó precisou se virar para continuar dando um mínimo de qualidade de vida para os filhos. Foram anos muito difíceis para todos eles. Mas Francisca Arlita, minha Véia Master, segurou muito bem a barra.

Lembre-se de que estamos falando da década de 1970, no Maranhão, um estado extremamente machista, onde mulheres tinham — e ainda têm até hoje! — muitas dificuldades para trabalhar. E não falo somente em relação a oportunidades de trabalho. Mas isso é um papo para um outro momento...

A coisa chegou a um ponto tão insustentável que ela se viu obrigada a vender o único patrimônio da família.

Demorou, mas algum tempo depois ela finalmente conseguiu um emprego, como secretária, e passou a sustentar os cinco filhos sozinha. Minha avó até chegou a se casar novamente, uns vinte anos depois, mas o casamento acabou não durando muito.

A migração de nordestinos para o Sudeste em busca de melhores oportunidades não vem de hoje. E aconteceu tanto para a minha mãe quanto para o meu pai.

Foi graças a essa mudança de destino que eu estou aqui. No Rio, minha mãe conheceu um cara barbudo, também maranhense — sim... como eu havia falado antes, minha mãe é cearense de nascimento, mas maranhense de coração! —, que era músico e poeta. Ironia do destino, moraram em São Luís na mesma época, mas vieram a se conhecer na Cidade Maravilhosa.

Em muito pouco tempo começaram a perceber que eles tinham bem mais coisas em comum do que apenas o fato de terem morado na mesma cidade. A família do meu pai também tem o avião na sua história, só que de uma maneira totalmente diferente.

Meu avô paterno, Glacymar, era empreendedor (embora eu ache que essa palavra nem existia naquela época), mas a sua paixão era mesmo a aviação. Em 1949, com apenas 25 anos — e para o receio de toda a família! —, ele comprou o seu primeiro avião, um monomotor da Aeronca. Vale lembrar que em 1949 um avião estava muito mais para um 14 Bis do que para os modelos que vemos atualmente. Se hoje alguém escuta que uma pessoa comprou o primeiro avião aos 25 anos, a primeira imagem que virá à cabeça é a de um herdeiro milionário ou um empreendedor do Vale do Silício. Mas para esse maranhense nascido em 1921 isso significou gastar o dinheiro que havia economizado durante toda a sua vida na compra de uma bugiganga que voava, para desespero dos amigos e da família.

Como bom cabra da peste, ele não se deixou abater pelas críticas e, algum tempo depois, graças a muito trabalho duro, chegou a ter a segunda maior frota de táxi aéreo do Brasil, com catorze aeronaves. Um entusiasta tanto da aviação quanto do empreendedorismo, meu avô se vangloriava de, ao longo dos trinta e um anos em que operou, nunca ter ocorrido nenhuma morte durante qualquer viagem. Muito pelo contrário, ele chegou a presenciar até um parto dentro de um de seus aviões!

Bom homem de negócios, ele tinha uma visão comercial muito apurada. E pegando carona no sucesso dos seus aviões fundou também a primeira agência de turismo do Maranhão.

Meu pai se chama Claudio Valente, mas é mais conhecido como Popó. Ele nasceu na mesma São Luís do Maranhão onde minha mãe foi morar quando pequena e veio para o Rio de Janeiro muito cedo, aos 13 anos. Nesse período, ficou na casa de um tio enquanto estudava em um colégio interno, desses em que o aluno passa basicamente o dia inteiro na escola.

Músico e poeta, com três discos de baião lançados e dois livros de poemas publicados, atualmente trabalha com ambientalismo. É uma pessoa única, muito querida por todo lugar por onde passa. Sabe aquela clássica expressão "meu pai, meu herói"? Então... ela se enquadra perfeitamente no meu caso!

Meus pais se apaixonaram à primeira vista. E, coisa de jovens sonhadores, decidiram embarcar em uma aventura juntos. Com pouco tempo de namoro, se mudaram para Paris, mesmo sem um centavo no bolso.

Na terra de Voltaire, Zidane e Emma Watson (sim, a Hermione é francesa), meu pai tocava violão no metrô enquanto minha mãe se virava como *baby-sitter*, nome chique que eles dão por lá para babá.

Percebendo que as coisas não estavam funcionando como haviam planejado, minha mãe decidiu retornar para o Brasil após ter uma ideia de negócio. E, de volta ao Rio com o meu pai, ela abriu um restaurante especializado em comida brasileira e cachaça. Naquela época, em pleno início dos anos 1980, a cachaça era uma bebida, apesar de muito popular, relativamente pouco valorizada. Era conhecida, no dito popular, como coisa de pinguço.

Mas minha mãe não se preocupou com isso e, apostando na ideia em que acreditava, aos 24 anos fundou um restaurante que se tornaria rapidamente uma referência da cidade: a Academia da Cachaça. Foi lá que surgiu o famoso "escondidinho", aquele prato com requeijão e carne-seca que hoje é encontrado em milhares de bares pelo Brasil.

Os primeiros anos de um negócio normalmente são muito difíceis, e os empreendedores acabam tendo que fazer de tudo um pouco. Com a minha mãe não foi diferente. Ela abria o caixa, cozinhava, servia, limpava, fazia as compras, negociava com fornecedores, tratava com advogados e contadores, falava com repórteres e resolvia todo tipo de coisa que aparecesse no caminho. Só depois de abrir meu próprio negócio foi que eu consegui entender um pouco os desafios pelos quais ela passou naquela época. E, sinceramente, entender bem pouco mesmo. A Academia da Cachaça foi fundada em 1985, quando a inflação no Brasil era por volta de 225% ao ano. Os preços no cardápio tinham que ser atualizados semanalmente. Se o dinheiro não fosse aplicado no banco no mesmo dia em que o caixa fechava, no dia seguinte ele já perdia muito do seu valor.

Nessa fase inicial do restaurante, eu e o Lucas, meu irmão dois anos mais velho, éramos muito pequenos. Mas mesmo tendo assistido de camarote a todas as dificuldades pelas quais minha mãe teve que passar para construir o seu empreendimento, tudo isso acabou me servindo como uma ótima experiência quando fundei o Brownie. E, apesar do sonho de criança de ser jogador de futebol, desde muito pequeno eu já falava para ela que queria ter o meu próprio negócio.

3

COLOCANDO A MÃO NA MASSA: MEU PRIMEIRO BROWNIE

"Não é um notável talento o que se exige para assegurar o êxito em qualquer empreendimento, mas sim um firme propósito."

— Thomas Atkinson, artista inglês

A história do Brownie do Luiz começa em 2005, na cozinha da casa dos meus pais, na Gávea, quando eu tinha somente 15 anos.

Na verdade mesmo, essa história começa um pouquinho antes...

Eu nunca tinha ouvido falar desse tal de "brauni". E acho que a maioria dos brasileiros, naquele tempo, também não. Então, acredito que o Brownie do Luiz tem a sua parcela de contribuição na popularização desse doce no Brasil.

O meu primeiro contato com esse bolinho foi na casa da Miranda Villa-Lobos, uma das minhas melhores amigas. Tínhamos 14 anos, e eu gostei tanto do doce que acabei pedindo a receita para fazer em casa. O mais engraçado dessa história é que a receita não é dela. Ela havia conseguido com a empregada do vizinho, que tinha conseguido em uma fazenda.

E mais curioso ainda: além de a receita que ela me deu não ter dono, a origem do doce também não tem.

Já fiz inúmeras pesquisas e o máximo que consegui descobrir foi que o brownie teve origem nos Estados Unidos, por volta do final do século XIX. Reza a lenda

COLOCANDO A MÃO NA MASSA: MEU PRIMEIRO BROWNIE

que uma dona de casa foi fazer um bolo de chocolate e esqueceu de colocar o fermento na massa. Logicamente, o bolo solou. Mesmo assim, ela o cortou em pedaços e serviu. As pessoas adoraram! E por ter ficado com a cor amarronzada, aquele bolo passou a ser chamado de brownie.

Se essa história é real, eu não posso te garantir. A única coisa que eu sei é que esse doce atravessou décadas e oceanos até conquistar uma legião de fãs no planeta inteiro.

Por isso, como ninguém sabe ao certo a real origem dessa receita nada secreta, e como ela foi compartilhada comigo, não fazia o menor sentido eu escondê-la. Assim, nada mais justo que a compartilhar com o mundo.

A Miranda não é sócia da empresa, mas fizemos um acordo e atualmente tenho uma dívida "enorme" com ela.

Assim que cheguei em casa, pedi à Antonieta, cozinheira de mão-cheia que trabalhava para os meus pais na época, para fazer o brownie. Eu queria levar de merenda para a escola no dia seguinte.

Na hora do recreio, o pessoal avançou em cima do meu bolinho. Quase deu briga. Foi tanta gente pedindo por um pedaço que não sobrou absolutamente nada! Percebi ali uma oportunidade. No outro dia, resolvi levar para vender. E os meus amigos, literalmente, compraram a ideia.

Na época, definir o preço dos produtos era muito mais fácil do que é hoje em dia. Afinal, eu não pagava impostos, funcionários, aluguel, contas ou tinha qualquer outro tipo de burocracia que envolve um negócio. Eu apenas relacionava os preços dos produtos que comprava no mercado, calculava quantos pedaços de brownie conseguia fazer e adicionava uma margem de lucro.

Eu cobrava três reais por brownie na escola. Mas desde o primeiro dia eu já fazia promoção para quem comprava mais de uma unidade: dois bolinhos por cinco reais!

Foi um sucesso, mas o crescimento do negócio começou a me trazer um sério problema. Passei a ficar sem tempo nenhum para aproveitar o recreio, porque passava o período inteiro vendendo os brownies.

Foi aí que "contratei" a Gabi Porto. Ela foi a minha "primeira funcionária". Afinal, eu precisava utilizar o meu sagrado horário de descanso das aulas para jogar a minha bolinha com a galera.

A Gabi é uma das minhas melhores amigas, e deixei a cargo dela as vendas dos brownies na hora do recreio. Para isso, eu pagava a ela cinquenta centavos por produto vendido. Para a Antonieta, eu reservava 50% dos lucros da operação.

Pois é... Eu já havia começado um negócio, mas ainda não tinha me dado conta disso!

Esse foi o nosso "Day One", termo usado no meio empresarial para indicar o dia em que o negócio começou.

Eu levava os brownies em uma marmita, sem o menor padrão. Não tinha muita preocupação com estética, mas tentei cortar os pedaços mais ou menos no mesmo tamanho. Lembro que as pessoas compravam "pesando" os brownies com as mãos para ver qual estava mais pesado...

Você já deve ter escutado alguém dizer que o feito é inimigo do perfeito. Eu mesmo já usei essa frase diversas vezes para lembrar que o mais importante no início de um negócio ou de um projeto é começar.

É claro que ele não vai começar perfeito. Na verdade, ele nunca estará perfeito. Empreender é um processo contínuo de aprendizagem e melhoria. Sempre!

Eu vejo a maioria das pessoas muito focadas no resultado. Acredito que a grande mágica para realizar algo grandioso, não importa o que seja, é focar no processo. O que você precisa fazer diariamente para chegar àquele objetivo?

Muitas das maiores empresas do mundo começaram pequenas. A Coca-Cola, no seu primeiro ano de operação, vendeu somente vinte e cinco galões de refrigerante. E empresas como a Amazon, a Apple, a Disney e o Google começaram dentro de uma garagem!

Obviamente, não estou me comparando a essas empresas. Longe disso! Mas por trás dessas trajetórias fica o aprendizado da importância do "fazer" e não do "estar perfeito". Nenhuma delas começou perfeita. E na verdade nenhuma delas nunca será!

Eu também comecei de forma despretensiosa e sem planejamento algum. Porque, como já disse aqui, acredito que o mais importante em um negócio é colocá-lo para acontecer.

Um dos erros que eu mais vejo novos empreendedores cometerem é querer abrir um negócio focado em um Plano de Negócio perfeito. Não estou querendo dizer que um Plano de Negócio não seja uma boa opção para quem quer abrir uma empresa. Mas o que temos que saber é que em qualquer projeto de PowerPoint ou Excel é possível controlar todas as variáveis, mas no mercado as coisas são bem diferentes. Muitos novos empreendedores acabam ficando bitolados no Plano de Negócio em vez de manterem o radar ligado para as oportunidades que esse mercado apresenta.

Acredito que o empreendedor do futuro será aquele que conseguir se adaptar mais rapidamente aos movimentos. O mundo está mudando muito rápido e está ficando cada vez mais difícil de se planejar qualquer coisa.

Existe uma frase no mundo empresarial que adoto para a minha vida e que exemplifica perfeitamente esse pensamento: "Na prática, a teoria é outra."

Então, se você quer empreender, arregace as mangas e vá para a rua — ou para a internet — vender seu produto ou serviço. Porque, no final, o melhor remédio para quase todas as doenças administrativas é vender.

Miranda explicando de onde veio a receita do Brownie do Luiz e cobrando de Luiz a dívida que ainda não foi paga.

4

BROWNIE IS THE NEW BOLO: RABISCANDO UMA EMPRESA

"Cozinhar é o momento em que todos os ingredientes se encontram e juntos formam uma ópera de aromas e sabores."
— Di Manno, chef brasileiro

Na primeira semana, vendi tudo que foi produzido e consegui ganhar alguns trocados. Foi o que bastou para que eu tivesse a certeza do potencial daquele negócio.

As vendas não paravam de crescer e, quando me liguei, a casa dos meus pais estava completamente tomada de brownies por todos os lados. Minha mãe brincava dizendo que a casa parecia a Fantástica Fábrica de Chocolate, porque tinha cheiro de cacau espalhado por toda parte e qualquer comida ficava com gosto de brownie.

E é aqui que eu tenho que prestar as minhas mais sinceras homenagens e meus agradecimentos eternos. Em vez de ouvir esporros por estar transformando a casa numa baderna, recebi incentivos. Como nunca vou cansar de repetir, tenho eterna gratidão aos meus pais por sempre apoiarem os meus sonhos.

Com o aumento das vendas, naturalmente começou a surgir também a necessidade de evoluir em alguns aspectos. Comecei a me preocupar com processos como apresentação e padronização. E aos poucos fui investindo em melhorias e pequenos equipamentos. Comprei um cortador, e o que no primeiro dia eram apenas alguns pedaços de bolo cortados sem padrão e arrumados em uma marmita se transformou em brownies do mesmo tamanho e formato.

Algumas semanas depois, passei a embalar os bolinhos em um papel celofane transparente. Comprava folhas de um metro e as cortava em quadrados de vinte centímetros. Embrulhava os brownies e fechava com fita adesiva, fazendo ainda um acabamento com um fitilho colorido que passava em volta da embalagem e finalizava com um laço.

A demanda na escola era cada vez maior. E foi nesse período que acabei perdendo para sempre o meu sobrenome. Ninguém mais sabia que eu era o Luiz Quinderé. Todo mundo só me conhecia como o Luiz do brownie.

Com o passar do tempo, porém, as pessoas passaram a procurar pelo produto e não pelo produtor. E como o bolinho não tinha uma marca, acabou ficando conhecido como Brownie do Luiz. O nome da empresa não foi uma coisa pensada, aconteceu.

Pronto! Estava batizada a marca que mudaria completamente a minha vida e a de muitas outras pessoas também.

Passei a vender tanto que cheguei a um ponto em que eu comecei a precisar de ajuda. Catei alguns amigos e eles entraram nessa comigo.

Naquele momento, a casa dos meus pais havia se transformado em uma minifábrica, com os cômodos todos segmentados, como em uma linha de produção. A cozinha era onde fazíamos os brownies. Na sala, os embalávamos. E o corredor e o quarto de serviço se transformaram em estoque.

Meus amigos e familiares sempre me apoiaram muito. E é por isso que muitas vezes falo no plural, porque nunca fiz nada sozinho. Até o design da marca eles me ajudaram a fazer...

Nossa primeira logo foi feita por um grande amigo e artista, Pedro Barassi. Eu havia perguntado se ele podia me ajudar a desenvolver uma marca e, algumas semanas depois, ele apareceu com um desenho lindo que se tornou nosso primeiro logotipo. Era um boneco com um chapéu de cozinheiro e chuteiras.

Embora adorasse a marca, comecei a sentir a necessidade de fazer algumas mudanças no desenho, e algum tempo depois chamei o Luiz Felipe, outro amigo, que também é designer. Na verdade, ele é um dos meus melhores amigos. E o seu envolvimento foi tanto que ele se tornou sócio e é o grande maestro por trás da comunicação do Brownie do Luiz.

O processo para a criação de uma identidade visual é muito interessante, e importante também, porque ela tem que passar, em um único desenho, toda a essência da empresa.

Ficamos naquele *brainstorm*, trocando ideias e falando de todos os elementos que gostaríamos que estivessem presentes naquele símbolo. Queríamos algo que não apenas representasse o que sentíamos, mas que também fosse jovem, passasse credibilidade e tivesse a cara do Rio de Janeiro. E por ser uma marca de doce, tinha que ser também um elemento que estimulasse a vontade de comer.

O Luiz Felipe fez alguns estudos e, depois de umas pinceladas, chegamos a um resultado que consideramos ideal. A marca é redonda, dando uma ideia de uma batedeira vista de cima, retratando nosso processo. A parte superior do desenho representa a nossa massa, e esse conceito casa perfeitamente com a transparência da nossa produção.

A fonte foi inspirada nos anos 1970, um momento muito rico da cultura pop mundial. Além disso, queríamos uma letra fofinha, que desse vontade de comer. Pelo mesmo motivo optamos pela cor vermelha, que estimula o apetite.

Para que não perdêssemos a identidade criada pelo Pedro na logo anterior, colocamos o chapéu de cozinheiro como o pingo do "i" de Luiz.

Por fim, o desenho conseguiu traduzir exatamente tudo aquilo que queríamos passar. E em pouco tempo todo material saía com a nova marca da "empresa": sacolas, cartões de visita, ímãs de geladeira, camisas...

Depois de algum tempo, substituímos o chapéu de cozinheiro pelo pingo do "i" original da fonte utilizada na logo. E ela está assim até hoje.

5

TREINO É TREINO, JOGO É JOGO: DECIDINDO O MELHOR CAMINHO PRO GOL

"Cedo ou tarde, você vai aprender, assim como eu aprendi, que existe uma diferença entre conhecer o caminho e trilhar o caminho."

— Morpheus, do filme *Matrix*

Os clientes na escola estavam cada vez mais fidelizados. Até mesmo a diretora, que não ia nem um pouco com a minha cara, aparecia na sala onde eu estudava para comprar os brownies.

Mesmo com o crescimento das vendas, porém, eu ainda tinha no coração o desejo de ser jogador de futebol.

O futebol está no meu sangue. É tão importante na minha vida que, como você já pôde perceber, eu chegava a deixar outra pessoa vendendo o brownie na hora do recreio para poder jogar as minhas peladas. E até mesmo esteve representado na nossa primeira logo, nas chuteiras do bonequinho com chapéu de cozinheiro.

Foi em um torneio intercolegial que passei a acreditar que era possível seguir uma carreira como jogador. Eu fui o único selecionado da minha escola para jogar um campeonato da Nike chamado Joga 3 — um campeonato de "golzinho", com três jogadores jogando contra outros três, com gol reduzido e sem goleiro. Quem joga bola (ou já jogou um dia) sabe como funciona: é como aquele clássico futebol de rua, onde o gol é feito com os chinelos.

TREINO É TREINO, JOGO É JOGO

Meu trio era muito forte. Avançamos as fases, mas poucas rodadas antes da final acabamos sendo derrotados. Como todo jovem que não gosta de perder, saí extremamente chateado. Foi quando um empresário francês se aproximou e veio falar comigo, perguntando se eu teria interesse em trabalhar com *freestyle* e *street soccer*, esportes que naquela época não eram tão difundidos. *Street soccer* é uma modalidade onde o drible vale tanto ou mais que um gol (pelo menos na minha época) e *freestyle* consiste em realizar manobras (*tricks*) com a bola.

Aceitei o convite e comecei 2006 tendo que me virar para conseguir conciliar a escola, os trabalhos com essas modalidades de futebol e a fabricação dos brownies, cujas vendas só aumentavam.

Ao todo, foram mais de cinquenta eventos de todos os tipos, que iam de apresentação na final da Copa do Mundo de futebol de praia a aparições em colégios, comerciais da Nike, além de eventos de marcas como Heineken e Adidas. Fiz até um filme americano de futebol e fui goleiro reserva do High School Musical Brasil.

O pagamento era por diária e variava bastante. Eu podia receber entre cem e mil e quinhentos reais, dependendo do evento. Era um dinheiro muito bom para a época!

Só para fazermos uma comparação, ao longo do primeiro ano em que trabalhei com *street soccer* e *freestyle* eu recebi mais do que nos oito primeiros anos de

Brownie do Luiz, onde meu salário era o menor, mesmo trabalhando pelo menos doze horas por dia e com um faturamento superior a um milhão de reais ao ano. Todo dinheiro que sobrava era reinvestido na empresa. Como você pode ver, o empreendedorismo não é tão glamoroso quanto as pessoas imaginam.

Sentindo meu passe valorizado e tendo a certeza de que eu tinha muita habilidade com a pelota nos pés, minha autoestima foi parar nas alturas. Então me convenci de que, se fizesse um teste em um clube, eu seria aceito com extrema facilidade.

Nunca gostei muito da escola. Matava aula, fui expulso... Eu me esforçava muito para passar de ano. Então, além do sonho de me tornar um jogador, acabei também enxergando no futebol a desculpa perfeita para que eu conseguisse escapar do colégio.

Apesar de ser botafoguense doente, quando eu tinha quase 16 anos bati à porta do Flamengo para fazer minha primeira peneira. Mas fui recusado. Hoje tenho a consciência de que a minha arrogância típica de adolescente acabou me prejudicando.

A reprovação no Flamengo foi uma ducha de água fria. Mas no fundo eu ainda acreditava que poderia ter uma vida longa no futebol. E decidi tentar a sorte na divisão de base do Botafogo.

Fiquei treinando por cerca de quatro meses. E foram quatro meses sem dar as caras na escola.

O engraçado dessa história foi que, mesmo sem aparecer no colégio, os pedidos de brownie continuavam acontecendo. E de repente me vi em meio à compra de mais bandejas, espátulas, batedeiras e até um novo forno, para aumentar a nossa capacidade de produção.

O dinheiro que eu ganhava com as apresentações de *street soccer* e *freestyle* foi muito importante para que conseguíssemos investir na compra de novos equipamentos. O problema é que tudo isso ainda acontecia dentro da casa dos meus pais.

6

CRIANDO UMA MINIEMPRESA NA ESCOLA: A VERDADEIRA ESCOLA DA VIDA

"Mas a vida não é como a escola. Na escola, se você errar, pode tentar de novo amanhã. Mas na vida, quando tudo está a um segundo diante de ti, você não sabe como é."

— Harry Potter

Durante esse período, passei a entregar todas as noites aos meus amigos uma caixa cheia de brownies para serem vendidos na escola no dia seguinte. Até nisso eles me ajudavam! Mas eu os recompensava com um percentual do que era vendido.

Logicamente, não deixava as vendas somente a cargo deles. E para que eu também conseguisse fazer as encomendas chegarem aos clientes, passei a realizar as entregas nas casas das pessoas. Elas me ligavam, encomendavam, e eu levava, de porta em porta. Era uma espécie de iBrownie da época...

Nesse tempo, o meu meio oficial de locomoção era o skate. Para fazer tudo! Se eu precisasse ir ao mercado, usava o skate. Para ir à escola, ia de skate. E quando tinha que entregar brownies, é claro, eu fazia de skate também. Até mesmo quando eu precisava pegar um ônibus, o skate ia debaixo do braço. Só não conseguia utilizar o skate para ir treinar.

Para ir da Gávea, onde eu morava, até Marechal Hermes, onde eu treinava, tinha que pegar um ônibus, depois um metrô, depois um trem e ainda andar cerca de quinze minutos até conseguir chegar ao Centro de

Treinamento do Botafogo. Ou seja, eu estava saindo da minha zona de conforto, trocando os cinco minutos que eu levava para chegar ao colégio pelas quatro horas de condução diárias para ouvir grito e esporro de treinador.

Mas foi justamente graças a esse treinador que percebi que nem sempre ultrapassar os nossos limites vale a pena. E tive essa certeza quando presenciei um colega de equipe passar mal por causa do excesso de esforço físico. Em vez de ajudá-lo, o treinador chamou todos os demais jogadores para vê-lo vomitando. Depois, começou a aplaudir, querendo demonstrar que "se esforçar ao máximo" era a maneira correta de agir.

Esse foi o começo da minha insatisfação com o futebol, mas pelo menos me fez perceber o líder que eu não queria ser, o que me ajudou muito na administração do Brownie.

Durante esse período, pude entender o trabalhador brasileiro e dar mais valor a ele. As quatro horas diárias de condução que eu enfrentava para ir treinar são a realidade da maioria da população carioca. E olha que essas minhas quatro horas eram feitas no contrafluxo! Ou seja, eu não pegava o trem superlotado como a maioria das pessoas que se deslocam da Zona Norte e da Baixada para os seus trabalhos no Centro ou na Zona Sul, e que têm ainda que suportar, além do calor, a má conservação de alguns trens.

Dentro de campo pude vivenciar que, diferentemente do que acontece com os profissionais, quem é dispensado (nome bonitinho que eles usam para a palavra "demissão") é o jogador e não o treinador. Isso acontece também na vida empresarial, onde o elo mais fraco acaba sempre apontado como culpado, mesmo quando está certo. E acaba demitido. Ou dispensado... Mas não posso dizer que tive somente experiências negativas no futebol. Foi nesse período que comecei a ter outra visão. Aprendi muito sobre *business* no esporte, onde percebi que infelizmente o *lobby* às vezes é mais importante do que o talento. E isso não se aplica apenas ao futebol. Acontece também no mundo da música, do cinema, do teatro... E dos negócios!

Porém, a mais importante das lições foi conseguir perceber a verdadeira importância do trabalho em equipe. Normalmente, é o atacante ou o meia que acabam sendo os astros do time. Parecido com o mundo dos negócios, quando o CEO ou o presidente da empresa acaba levando a fama por um trabalho que só teve resultado porque foi realizado em conjunto.

Isso acontece muito comigo. Por ter criado a marca, as pessoas acham que eu sou o responsável por tudo que acontece no Brownie do Luiz. Mas, na verdade, são mais de cinquenta pessoas fazendo o seu melhor, todos os dias, para tentar dar continuidade a essa história.

Então, depois de quatro meses treinando no Botafogo, eu desisti. Ou melhor, fui dispensado.

Eu estava na flor da idade, garoto novo, puro suco. Era um sonho poder viver do futebol. Sonho esse, aliás, que é também da maioria dos brasileiros. Mas eu fracassei. E hoje, infelizmente, não tenho mais idade para seguir esse caminho. Algumas oportunidades

CRIANDO UMA MINIEMPRESA NA ESCOLA 65

aparecem somente uma vez na vida e, se você não estiver preparado, elas vão embora.

Mas, para mim, fracassar não significa o fim da linha. Muito pelo contrário! É com o fracasso que aprendemos onde vamos acertar da próxima vez. E vejo que na trajetória de várias pessoas que hoje tenho como referência os fracassos foram fundamentais. J.K. Rowling, Bill Gates, Cafu e Walt Disney são alguns desses exemplos. E você quer saber o que todos eles têm em comum? Persistência! Eles não se abateram com os fracassos. Antes de atingirem o sucesso, tiveram que aprender com os erros.

J. K. Rowling, a escritora criadora do Harry Potter, foi recusada por doze editoras antes de se tornar um sucesso mundial com a história do pequeno bruxo. Bill Gates, antes da Microsoft, fracassou com um produto que analisava tráfego de dados. Cafu, o único atleta na história do futebol a participar de três finais de Copa do Mundo, foi recusado em onze peneiras de diversos clubes antes de ganhar quase todos os títulos que um jogador de futebol pode conquistar. E Walt Disney, o criador do Mickey, do Pateta, do Pluto e do Pato Donald, levou seu primeiro estúdio de animação à falência.

Essa talvez seja minha única semelhança com essas personalidades. Também já quebrei a cara. Várias vezes. Além do futebol, eu fracassei ao criar uma empresa de tecnologia, o que me serviu de lição para que eu aprendesse que na minha forma de gestão é necessário entender de todos os processos da empresa. Errei também quando decidi fazer uma fábrica móvel de reciclagem para os resíduos do brownie, mas entendi que as pessoas se preocupam menos com o meio ambiente do que aparentam. E me ferrei novamente ao tentar empreender um projeto de educação paralelamente ao Brownie, quando percebi que para criar uma *startup* é necessário ter uma pessoa 100% do tempo dedicada ao negócio.

Então, depois da queda, o que temos que fazer é levantar e aprender o que pudermos, porque o sucesso passa necessariamente pela persistência, pelas quedas e pelo trabalho duro. Você não precisa ter nenhum talento especial nem qualquer tipo de superpoder para dar certo na vida. O sucesso de um empreendimento — ou de uma carreira — tem muito mais a ver com suor do que com talento.

A dispensa do futebol pelo menos serviu para que eu conseguisse concluir a escola e ingressar na faculdade. Pois é... mesmo não sendo o melhor exemplo de aluno, eu consegui, após ser expulso de um colégio por faltar muito devido aos treinos, me formar em outro. E entrar para uma universidade!

Passei para engenharia na PUC. Eu costumo brincar dizendo que só entrei para a faculdade para poder jogar campeonatos de futebol mais organizados — e olha que eram muito mal organizados!

7

GET BACK TO WHERE YOU ONCE BELONGED: BROWNIE NA FACUL

"Se você não pode mudar seu destino, mude sua atitude!"
— Amy Tan, escritora norte-americana

Depois de três anos vendendo na escola, já estávamos recebendo encomendas para aniversários e até casamentos! O boca a boca havia levado o nosso produto para outros horizontes.

Mas, embora as vendas estivessem aumentando sem parar, eu ainda não conseguia enxergar aquilo como um trabalho que realmente garantiria a minha renda. Pelo menos, não a longo prazo. Então, antes de começar a faculdade, e aproveitando que eu havia acabado de completar 18 anos, no início de 2008, decidi passar seis meses fora do Brasil, aprimorando o meu inglês em Brighton, na Inglaterra, já que as minhas aulas se iniciaram somente no segundo semestre.

Retornei da terra dos Beatles e da Rainha com a cabeça fervilhando de ideias. Mas nenhuma delas tinha a ver com o brownie.

É claro que, com a minha ausência do Brasil, automaticamente a produção dos bolinhos parou. Para a minha mais absoluta surpresa, porém, assim que as pessoas descobriram que eu havia voltado, começaram a me ligar fazendo novas encomendas. Foi ali que eu virei a chave. E comecei a perceber que esse negócio de fazer brownies poderia ser muito mais sério do que eu estava imaginando.

Aproveitando a maioridade, tirei a minha carteira de habilitação. E aposentei meu skate como meio de transporte oficial do Brownie do Luiz.

Mas existia um problema... Eu tinha permissão para dirigir, mas não tinha um carro. Então, pegava emprestado de amigos e familiares para conseguir fazer as entregas e as compras no atacado. Isso facilitou muito a minha vida!

Só tinha um contratempo para voltar a produzir. No período em que eu estava na Inglaterra, a Antonieta, minha parceira na confecção dos brownies, decidiu voltar para a terra dela, no Maranhão, para ficar mais próxima da família.

Mas eu não podia parar. Os pedidos eram muitos e, mesmo sem ela, continuei a produção. Novamente, contei com a ajuda dos amigos.

Pouco tempo depois a minha mãe contratou uma nova diarista. Vânia Maria, mais conhecida como Vaninha, substituiu a Antonieta. E, assim como ela, também passou a dividir as suas funções entre cuidar da casa e me ajudar com os brownies.

Da mesma forma que já acontecia com a Antonieta, a Vaninha também passou a receber parte dos lucros dos brownies que ela me ajudava a fazer. Mas, mesmo sendo meu braço direito na época, naquele momento eu jamais imaginaria a importância que ela teria na história do Brownie do Luiz.

Ao mesmo tempo que voltei a produzir, começaram as aulas na faculdade, mudando totalmente o meu perfil de consumidor. Na escola, meu público-alvo era mais novo, menos exigente, normalmente não tinha dinheiro próprio e meu único concorrente direto era a cantina. Assim como fazia nos tempos do colégio, passei a levar o bolinho para o pessoal na universidade. Todos os dias, na minha mochila, em vez de livros, iam brownies. E eram muitos, para conseguir atender a toda a demanda, que não era exclusiva dos meus colegas de engenharia. A galera de comunicação, de direito, de administração e de um monte de outras cadeiras também se tornou cliente.

Estar em uma faculdade era uma experiência bacana, mas a verdade é que não demorou mais de três semanas para que eu percebesse que engenharia não tinha nada a ver comigo.

Nunca enxerguei essa mudança como algo ruim. Muito pelo contrário. Porque se eu consegui perceber rapidamente que eu não teria a menor condição de acompanhar o curso, entendi também que tinha a capacidade de alterar o rumo das coisas a tempo de elas não darem errado.

Isso acontece também no mundo dos negócios. E ter a sensibilidade de modificar a rota rapidamente é um grande talento.

Não foram poucas as vezes e acabamos fazendo isso no Brownie do Luiz. Por exemplo, quando abrimos o nosso primeiro quiosque em um shopping, em 2016, precisamos de sabedoria para perceber que aquela não havia sido uma boa ideia. Pelo menos, não naquele momento.

Estávamos muito animados, pois as nossas lojas estavam tendo um desempenho excelente e o shopping poderia ser um novo mercado para atuarmos. Escolhemos o Plaza Shopping, em Niterói, para que pudéssemos atender presencialmente a população dessa importante cidade do Rio.

Porém, as coisas acabaram não acontecendo conforme planejamos. As vendas não foram como esperávamos, tivemos um computador roubado, pouco suporte da Administradora do Plaza e ainda por cima éramos obrigados a abrir todos os dias nos horários em que o shopping queria, diferentemente do que acontece com as nossas lojas de rua. Isso tudo sem falar no preço do aluguel, que era muito maior do que pagávamos nos nossos outros estabelecimentos.

Esses foram somente alguns desafios que tivemos. E, com apenas seis meses de operação, decidimos fechar essa filial.

Saber aceitar a derrota é uma vitória. Poderíamos ter ficado anos com aquele quiosque perdendo dinheiro até enfim fechá-lo, mas fomos capazes de alterar a direção do barco rapidamente para focarmos nossa energia em outros projetos.

Após desistir da engenharia, pedi transferência para administração, curso que parecia fazer muito sentido com o que eu estava fazendo, que era gerir uma empresa de brownies. Mas as coisas acabaram não acontecendo do jeito como eu imaginava.

O curso de administração é pouco voltado para empreendedorismo. E percebi que o que eu estava estudando, na prática, não estava acrescentando o quanto eu gostaria para o Brownie. Por mais incrível que pareça, alguns professores ensinavam sobre negócios sem nunca terem vivenciado o mercado de trabalho. E isso me incomodava imensamente.

Eu me lembro das aulas de marketing que pouco falavam de internet, das de contabilidade financeira que não eram focadas na abertura de empresas ou das de gestão de pessoal que não ensinavam metodologias para gerir grandes equipes.

Mas, se por um lado as aulas não me davam felicidade, por outro os brownies estavam vendendo cada vez mais.

8

VENENO DA LATA: OPORTUNIDADES DISFARÇADAS

"Aproveite as oportunidades mesmo que pareçam ser simples e pequenas, elas fazem grande diferença lá na frente."

— Wczandoni, pensador da internet

O ano de 2009 iniciou com novos desafios. Quando fazíamos os brownies, as casquinhas que ficavam nas bordas do tabuleiro não eram utilizadas para venda e acabavam sobrando para os amigos, que as recebiam quase como uma forma de pagamento extra pela ajuda que davam.

Mas com o crescimento da produção, eles já não conseguiam dar conta de comer todos esses "restos", que algumas vezes foram parar no lixo. Paralelamente, começamos a guardar as latas do achocolatado que usávamos para fazer os brownies e, rapidamente, elas se acumularam pela casa inteira.

Assim deparamos com novos desafios, entre eles a quantidade de lixo gerada. Só para você ter uma ideia, hoje em dia, mais de uma tonelada de resíduos do Brownie vai para a coleta seletiva todos os meses.

Se, atualmente, empresas preocupadas com o socioambientalismo estão cada vez mais em alta e ter uma preocupação ecológica se torna cada vez mais necessário no mundo dos negócios, eu tive sorte de ter bons exemplos em casa. Desde pequenos, eu e meu irmão fomos ensinados a cuidar do nosso lixo. Isso foi fundamental para que, no Brownie, passássemos

VENENO DA LATA: OPORTUNIDADES DISFARÇADAS

a olhar para os resíduos com um enfoque especial e conseguíssemos identificar as diversas oportunidades que se encontravam ali.

Eu não queria descartar as latas justamente por saber que seriam jogadas em um lixão e ajudariam a poluir ainda mais o planeta. Por isso as limpávamos e guardávamos. Porque a intenção era encontrar uma utilidade para elas, transformando-as em cadeiras ou mesas, por exemplo.

O problema é que a casa começou a ficar pequena demais para elas. Eram tantas latas que não havia mais corredor para guardá-las.

Meus pais sempre me apoiaram. Mas paciência tem limite. E chegou um ponto em que a minha mãe já estava quase querendo me expulsar de casa. Não cabia mais nada ali.

Foi aí, aos quarenta e cinco do segundo tempo, quando a coisa já estava ficando bastante feia para o meu lado, que veio a jogada genial: "Por que você não coloca as casquinhas dentro das latas de achocolatado e as vende também?"

O mentor intelectual desse lance brilhante foi o Rafael Di Celio, um dos grandes amigos que me ajudava em casa. Afinal, para muitas pessoas, a casquinha é a melhor parte.

Falando assim parece óbvio, não é? Por que não vender as casquinhas, o pedaço mais gostoso?

Foi o que fizemos! Pesquisamos bastante e descobrimos que não existia nenhum produto similar no mercado. E vimos ali uma grande oportunidade. Demos a essas sobras um formato de "tirinhas" e chamamos essa nova invenção de Veneno da Lata.

"Veneno" é uma gíria bem carioca, muito usada pelos jovens quando querem dizer que algo é muito bom. E como o que vinha dentro da nossa lata era realmente muito bom, não poderíamos chamá-lo de outra maneira senão Veneno da Lata.

O produto excedeu nossas expectativas. E além de nos obrigar a criar um tabuleiro especial somente para a produção dessas casquinhas, aumentou nosso ticket médio, pois era mais caro que o brownie original.

Vimos que as oportunidades podem estar escondidas bem debaixo dos nossos olhos e que as ideias mais brilhantes, às vezes, são originadas das coisas mais banais. E o que era alvo de descarte simplesmente se tornaria, ao longo dos anos, o produto mais procurado do Brownie do Luiz, responsável por mais de 40% de todo o nosso faturamento.

Essa descoberta foi uma grande vitória, pois matamos dois coelhos com uma cajadada só: aumentamos os lucros e ao mesmo tempo ajudamos a cuidar do planeta.

Muitos dos nossos valores são representados nesse produto. E a lata acabou virando o verdadeiro símbolo do Brownie do Luiz. Tão importante que foi parar na capa deste livro, na foto tirada pelo mentor intelectual dessa ideia.

9

MÃE, EU TÔ NA TV!: A PRIMEIRA VEZ A GENTE NUNCA ESQUECE

"Sorte é estar pronto quando a oportunidade vem."
— Oprah Winfrey, apresentadora de TV norte-americana

Por mais que tudo estivesse ficando cada vez mais sério, e apesar de estar trabalhando de segunda a sexta — e muitas vezes no sábado e no domingo também —, nessa época a coisa ainda era muito amadora.

O Brownie do Luiz já estava produzindo havia seis anos, mas ainda funcionava na casa dos meus pais. Não tínhamos nenhuma despesa fixa com aluguel ou condomínio... Nossos gastos eram somente variáveis, com os insumos e o meu pagamento, o da Vânia e o dos amigos que me ajudavam.

Os amigos sempre foram parte fundamental do nosso negócio. Tanto que foi graças a uma ligação da Raquel Brandão, mãe de um dos meus melhores amigos de infância, o Pedro Coutinho, que tivemos uma das experiências mais marcantes do Brownie.

> **RAQUEL**: Oi, meu querido, tudo bem?
> **EU**: Oi, Raquel. Tudo ótimo! E você?
> **RAQUEL**: Tudo bem também. Olha, Luiz... Tem uma pessoa aqui querendo falar com você. Vou passar, ok?
> **EU**: Ok... Alô!

DESCONHECIDA: Oi, Luiz! Aqui é a Ana Maria Braga, tudo bem?
"Como assim, 'aqui é a Ana Maria Braga'?", eu pensei. O que ela ia querer comigo? Me arrepiei inteiro. E entrei um pouco em choque. Mas mesmo assim não desci do salto.
EU: Oi, Ana, tudo ótimo. E você?
ANA MARIA BRAGA: Tudo ótimo também! Olha... Eu queria saber se você gostaria de vir no meu programa contar a sua história e ensinar a receita do brownie.
Por um segundo, fiquei sem palavras. Mas tinha como negar? Respondi com a maior naturalidade possível, como se fôssemos conhecidos de longa data...
EU: Puxa, Ana... Vai ser uma honra para mim!
ANA MARIA BRAGA: Ahhh... Que bom! Então a minha produção vai entrar em contato com você em breve, ok?

E nos despedimos com beijinhos.

Desliguei o telefone sem acreditar muito bem no que havia acabado de acontecer.

Aquela ligação me deixou flutuando por alguns dias. Mas não contei para muita gente, para não criar mais expectativa. Eu sou assim, só gosto de contar as coisas quando elas estão quase confirmadas ou já estão acontecendo.

Passei os outros dias esperando o telefone tocar, acreditando que seria alguém da produção da Ana Maria

Braga, mas ninguém ligou. E continuei levando a minha vida como se nada tivesse acontecido. Até que tomei um susto...

No meio de uma prova de recuperação de estatística, minha sala foi invadida por dois câmeras e um repórter da Globo, que me perguntaram se eu era o Luiz.

Na hora, eu pensei: "Ferrou, me pegaram!" Eles chegaram no exato momento em que eu estava colando. Eu jurava que era uma reportagem do *Fantástico* falando sobre jovens que colavam em universidades. Felizmente percebi que não quando me perguntaram sobre o brownie. Foi aí que a ficha caiu: era o pessoal do *Mais Você*! E na semana seguinte eu entrava no Projac para conhecer a Ana Maria e o Louro José.

O dia 10 de agosto de 2011 entrou definitivamente para a história da empresa. E eu tinha só 21 anos...

Eu havia me preparado para ir ao programa somente para ensinar como o brownie era feito. Mas fui pego de surpresa. Após mostrar a receita, a Ana Maria me entrevistou e, como se não bastasse, me fez sentir como se eu estivesse no quadro "Arquivo Confidencial" do Faustão.

A equipe havia realizado uma série de entrevistas, com a minha mãe, a Vaninha, os meus amigos e algumas pessoas da faculdade, sem que eu soubesse de nada. Mas a minha emoção transbordou mesmo quando do vi a Cissa Guimarães no telão. Fui presenteado com uma linda homenagem da mãe do meu grande amigo Rafael Mascarenhas, que havia morrido atropelado meses antes. Eu estava com ele no momento do acidente.

Quando o programa acabou, já havíamos recebido mais de duas mil mensagens. Isso porque não foi divulgado o e-mail nem o telefone do Brownie.

Tinha todo tipo de proposta que você possa imaginar: diversas solicitações de franquias pelo Brasil inteiro, investidores, supermercados, clientes internacionais e, pasme, até pedido de casamento!

Mesmo tendo noção do tamanho da audiência do programa, eu jamais poderia imaginar toda a repercussão que teve.

As pessoas acham que sou um cara de sorte por ter conseguido chegar até o programa da Ana Maria. Eu sou até obrigado a concordar com elas. Mas também acredito que a sorte não vem por acaso. Como disse Thomas Jefferson, "quanto mais duro eu trabalho, mais sorte eu tenho".

10

O SEGREDO DO SUCESSO: A ALMA É O SEGREDO DO NEGÓCIO

"O segredo do sucesso é a constância do propósito."
— Benjamin Disraeli,
escritor e ex-primeiro-ministro do Reino Unido

De certa forma, acho que foi uma surpresa para as pessoas quando divulguei a receita de sucesso do brownie na TV.

Mas o que é o sucesso?

Eu me questiono bastante sobre isso, porque muita gente me pergunta qual o segredo dele. Acho uma pergunta difícil de ser respondida porque percebo que cada um define sucesso de uma maneira diferente.

Apesar de o dicionário deixar claro o seu significado, a maioria das pessoas associa o sucesso com a quantidade de dinheiro que você acumula ou a quantidade de poder que você tem.

Sucesso
- 1. aquilo que sucede; acontecimento, fato, ocorrência.
"o s. da história"
2. qualquer resultado de um negócio, de um empreendimento

Para muitas pessoas, o segredo sobre o seu produto ou serviço é o principal fator de sucesso da empresa e um grande diferencial diante dos concorrentes. Talvez pensem assim porque tenham a Coca-Cola, um dos *cases* mais bem-sucedidos do mundo, como referência de sucesso pelo mito criado em torno de sua fórmula secreta.

Acredito que esse tipo de pensamento realmente funcionou muito bem em uma determinada época. Porém, em pleno século XXI, quando a internet e outras tecnologias mudaram a maioria das relações, isso não faz mais o menor sentido. Temos acesso a qualquer informação, a qualquer momento.

O que antes talvez fosse realmente um diferencial, hoje, na minha opinião, acaba tendo o efeito inverso.

O velho jargão empresarial "o segredo é a alma do negócio" já não funciona mais. Pelo contrário. Se invertermos apenas duas palavras a frase passa a fazer muito mais sentido para os dias atuais: "a alma é o segredo do negócio". É por isso que a nossa receita é aberta e está disponível tanto no nosso site quanto no nosso canal do YouTube.

Gostamos tanto de compartilhar a receita que, inclusive, resolvemos vender o Faça Você Mesmo, a mistura pronta do brownie, para facilitar ainda mais a vida das pessoas.

Mas, mesmo vivendo dias cada vez mais modernos, nem todo mundo entende esse tipo de atitude. E é por isso que, de vez em quando, eu ainda sou chamado de maluco, porque para a maioria das pessoas eu estou ajudando a concorrência.

E tenho esse exemplo muito próximo de mim. Minha própria sogra não consegue entender por que liberamos a "receita de sucesso".

Ela faz parte do nicho que pensa que a receita é o principal diferencial da nossa empresa. Nós acreditamos que há muitos outros fatores que interferem para que um negócio seja bem-sucedido ou não. A receita é apenas uma delas.

Se você procurar no Google por "receita brownie", vai descobrir que existem mais de oito milhões de resultados — e, provavelmente, se você pesquisar agora, esse número já deve ser ainda maior! Várias dessas receitas devem ser maravilhosas. Para ter um negócio duradouro, porém, é necessário muito mais do que isso. É preciso ter excelentes pessoas, gestão, execução, inovação, proatividade, dedicação, paciência, estudo... Mas, principalmente, amor e alma.

Nós acreditamos que a concorrência é essencial para o crescimento de uma empresa e que podemos aprender muito com ela. Trocamos informações e tecnologias com diversas empresas do ramo de alimentação e até mesmo com outras empresas de brownies. Temos um grupo no WhatsApp, chamado "Fabricantes de Brownies", que tem atualmente mais de cento e setenta pessoas de todo o Brasil!

Essa troca de informações sobre produção, fornecedores, máquinas, embalagens e mais um monte de outras coisas é enriquecedora. E confesso a você: eu fiquei realmente muito impressionado com a colaboração do mercado de brownies.

Apesar de não me comunicar com frequência no grupo — sou notoriamente ruim em grupos de WhatsApp, pelo menos é o que contam minha família e meus amigos —, tenho muito orgulho de fazer parte dele.

Acho linda essa troca de informação, o carinho e cuidado de todos. Não conheço nenhum outro segmento ou setor de empreendedores que se ajude dessa maneira. Nós mesmos já compramos embalagens e insumos de outras empresas de brownie. Isso é mais uma prova de que guardar informações é contraprodutivo.

Mesmo assim, ainda vejo algumas pessoas tendo uma visão simplista sobre negócios, caindo na armadilha de que existe um segredo para o sucesso. Outros já acreditam que é necessário apenas ter uma boa ideia. Não entendem que uma ideia sem execução nunca sairá do papel. É necessário arregaçar as mangas e fazer o que tiver que ser feito, na hora que tiver que ser feito.

Tem gente até que pensa que basta ter um diploma na faculdade para que tudo dê certo na sua vida. Eu nunca fui um CDF. Muito pelo contrário. Como já citei, sempre fui um dos piores alunos da turma. Sei que é bem delicado o que eu vou dizer, mas a verdade é que estudar nunca foi o meu forte, embora ao longo dos anos eu tenha adquirido o hábito de ler bastante. A leitura, muito mais do que o estudo acadêmico, me faz aprender tanto ou mais do que nos tempos de escola e faculdade.

Pois é... Na verdade, como a maioria das pessoas que começa a trabalhar cedo para conseguir se virar, foi a vida que me fez aprender muito mais do que qualquer curso de especialização. Afinal de contas, é na prática que aprendemos. E é só errando e quebrando a cara que conseguimos evoluir. Na prática, a teoria é outra.

Quando fui chamado para o programa da Ana Maria Braga eu já fazia o brownie havia seis anos. Renunciei muitas coisas na minha vida. Passei várias madrugadas da minha adolescência trabalhando. E, se a casa dos meus pais já não suportava mais a produção dos brownies, depois do *Mais Você* isso ficou definitivamente impossível!

Eu não tinha mais para onde correr e tive que sair de lá. Arregacei ainda mais as mangas, saí da minha zona de conforto e tomei a decisão mais importante da minha vida até aquele momento. Havia chegado a hora de separar o homem do menino.

11

UM PEQUENO EMPRESÁRIO: CONHECENDO UMA INDÚSTRIA!

"*A mudança é a lei da vida. E aqueles que apenas olham para o passado ou para o presente irão com certeza perder o futuro.*"
— John F. Kennedy, ex-presidente dos Estados Unidos

Minha participação na Ana Maria Braga deixou claro que precisávamos profissionalizar nossa empresa, mas ainda não estávamos preparados para pegar um investimento. E muito menos para começar a franquear. Queríamos algo sem muito risco, que aumentasse a nossa produção.

No final de 2011, descobri que uma amiga e a sua família estavam abrindo uma empresa de tortas. Eles haviam acabado de montar uma cozinha industrial e estavam com uma parte ociosa.

Era tudo de que precisávamos. E o que era melhor, a fábrica ficava em São Conrado, bem perto de onde eu morava e estudava.

A Bendita Tortas fabricava produtos salgados e doces. É deles o melhor Toucinho do Céu, um tradicional doce português, que eu já comi na vida!

Foi a Erika, a caçula da família, que fez a ponte para que eu pudesse começar a compartilhar aquele espaço com eles.

A sociedade é formada pelos pais da Erika, Afonso e Rosana, e a sua irmã mais velha, Marina. E todos se dedicam integralmente à empresa.

Naquele momento no Brownie éramos somente a Vaninha e eu para fazer tudo. E eu ainda tinha que ir para as aulas da faculdade de administração, das sete da manhã à uma da tarde. Não íamos dar conta! Foi então que eu tomei a decisão de chamar um grande amigo de faculdade, Thomaz Falcão, para ser meu primeiro sócio. Ele já era um dos que estava me auxiliando muito com a parte administrativa. Convidei também a Vaninha e o marido dela, o Paulinho, que já nos ajudava fazendo algumas entregas, para serem nossos primeiros funcionários.

Mas nem tudo na vida são flores. Ter chamado a Vaninha para ingressar integralmente na equipe me trouxe um probleminha familiar. Para que conseguisse se dedicar ao negócio de forma plena, ela teve que parar de trabalhar na casa dos meus pais, o que não deixou a minha mãe nem um pouco satisfeita, como você pode imaginar...

Nesse período, meu irmão, Lucas, que estava voltando para o Brasil após seis anos morando nos Estados Unidos, também começou a nos apoiar. Estava formado o primeiro grande time do Brownie do Luiz. O Thomaz e o Lucas ajudavam na área administrativa e de marketing. E o Paulinho e a Vaninha ficavam na parte da produção e distribuição. Claro que as funções não eram tão bem definidas assim. Era uma *startup*, onde todo mundo tinha que fazer tudo.

Lembro de um pedido de três mil brownies em formato de coração para um evento no Teatro Municipal. A fábrica da Bendita Tortas não suportava essa demanda. E como era um pedido bom demais para perdermos, alugamos uma fábrica de cupcakes de uma amiga, em Niterói, especialmente para atendê-lo.

Não tínhamos noção de nossa capacidade produtiva, e achamos que em um dia, dividindo as funções, conseguiríamos terminar a encomenda. Mas o Paulinho, a Vaninha e eu tivemos que virar duas noites nessa fábrica de Niterói para conseguirmos entregar todo o pedido.

Estávamos vendo o resultado do nosso suor. Na verdade, o que mais víamos era a repercussão, porque ainda não conseguíamos ganhar dinheiro suficiente para dividir. Alguns recebiam salários muito ruins e para outros, como eu, não sobrava nada. Tudo era reinvestido.

Começamos então a perceber que somente dois produtos, o brownie original e o Veneno da Lata, não sustentariam nossa empresa. Precisávamos diversificar o nosso SKU, ou seja, a variedade de produtos. Foi quando tivemos a ideia de criar os brownies recheados. Os primeiros foram os de doce de leite, creme de avelã e chocolate branco, que aliás é o meu preferido. E, pouco tempo depois, chegaram os de limão e maracujá.

A nossa única forma de venda era na modalidade B2C, que é quando a negociação é feita diretamente para o consumidor final, por mensagem, celular ou e-mail. Ainda não tínhamos nota fiscal para vender á estabelecimentos comerciais ou distribuidores, no modelo B2B, em que a relação é de empresa para empresa. Mas mesmo negociando somente dessa maneira, nossas vendas não paravam de crescer.

Então, da mesma forma como já havia acontecido na época da casa dos meus pais, a Bendita Tortas também acabou ficando pequena demais para a quantidade de pedidos que estávamos recebendo.

Ficamos um ano na fábrica delas, o que foi muito importante para o futuro do Brownie do Luiz. Aprendemos a trabalhar em uma cozinha industrial e absorvemos muito conhecimento sobre processos produtivos, burocracias administrativas, logística e, principalmente, higiene. Eles têm uma atenção enorme com limpeza, e isso foi essencial para nós.

Graças a essa parceria conseguimos juntar um dinheirinho. Havia chegado a hora de alçar novos voos.

12

LARANJEIRAS, SATISFEITO SORRI: NOSSA PRIMEIRA FÁBRICA

"Inteligência é a capacidade de se adaptar à mudança."

— Stephen Hawking, físico britânico

Sete anos após o início do Brownie do Luiz, sendo seis na casa dos meus pais e um compartilhando a cozinha com o pessoal da Bendita Tortas, lá estávamos nós à procura de um novo lugar que suportasse a nossa nova demanda.

Zanzamos muito e ficamos um bom tempo procurando. Até que conseguimos encontrar uma lojinha em Laranjeiras que era a nossa cara. E que tinha um preço acessível.

Mas enfiamos os pés pelas mãos. Não tínhamos a menor experiência. E erramos feio.

Nos iludimos com o valor do aluguel, porque não sabíamos os reais custos de abrir uma fábrica. Na verdade, não era bem uma fábrica, mas, sim, uma cozinha industrial.

Acabamos gastando o dobro do que tínhamos planejado, o que nos obrigou a ter que pedir um empréstimo. Para não cairmos nas garras dos juros bancários, recorri à ajuda materna para conseguirmos finalizar as obras.

A minha mãe sempre foi uma enorme fonte de inspiração para mim. E ela foi a maior incentivadora para o desenvolvimento do Brownie. Quando comecei a montar o negócio, serviu como uma espécie de consultora, dividindo comigo as suas experiências, sua rede de contatos e a sua cozinha. Foi ela que nos emprestou a grana para que pudéssemos investir nesse sonho.

O legal dessa história é que dois anos depois pagamos o empréstimo de uma maneira diferente. Ajudando-a a abrir seu tão desejado centro de yoga.

Eu me orgulho muito da forma como tudo isso aconteceu porque ambos ajudaram a concretizar o sonho um do outro. Não foi simplesmente dinheiro por dinheiro. Foi sonho por sonho.

O dinheiro que a minha mãe nos emprestou serviu também para que conseguíssemos regularizar o negócio.

Esse foi um dos momentos mais difíceis da minha carreira empresarial. Cogitei até desistir. A burocracia é enorme e as informações não são claras. É o retrato da dificuldade de abrir uma empresa no Brasil.

Depois de batermos muita cabeça, conseguimos a regularização. Como queríamos revender em outros locais, a legislação nos enquadrou como uma indústria, o que dificultou e encareceu ainda mais o processo.

Com muita dificuldade, em todos os sentidos, finalmente conseguimos abrir a nossa primeira fábrica. Até esse momento nós trabalhávamos na mais absoluta informalidade.

Quando começamos a fazer brownies, o empreendedorismo não era tão difundido no Brasil. Não existiam alternativas como o MEI, que é a regularização do

Microempreendedor Individual, na minha opinião, a melhor ferramenta criada pelo governo nos últimos anos para incentivar a formalização de pequenos negócios. Mas em 2012, quando precisamos nos formalizar, nosso faturamento já era maior do que o MEI permitia, e fomos enquadrados no Simples Nacional, regime tributário com mais impostos e burocracias. Por isso, esse processo de legalizar a empresa acabou sendo muito mais difícil do que eu imaginava.

Embora o local tivesse apenas vinte e cinco metros quadrados, bem menor do que na Bendita Tortas, na nova fábrica não precisaríamos mais dividir espaço e equipamentos com outras pessoas. Compramos um forno industrial com capacidade para vinte tabuleiros por fornada, quase sete vezes mais do que na cozinha anterior, que só suportava três fôrmas. A batedeira também era maior, o que nos permitiu quadruplicar o nosso rendimento.

Além disso, a autonomia de horários também possibilitou o aumento da produção, já que antes trabalhávamos somente de quatro a seis horas por dia, enquanto em Laranjeiras podíamos virar noites fazendo brownies. E não foram poucas vezes que isso aconteceu.

Começamos a contratar com carteira assinada e pagar impostos. Chegamos a ter dez pessoas na equipe. Concentramos o novo quadro de pessoal para produção e entregas. Vale lembrar que, até aqui, o nosso produto saía direto da mochila para a mão dos consumidores. Mas a abertura do nosso CNPJ nos possibilitou dar um salto maior e passamos a distribuir para revendedores em cafeterias, minimercados, lojas de conveniência e restaurantes.

Todo esse trabalho duro rendeu ótimos frutos. E ao final dos primeiros doze meses do Brownie do Luiz como uma "empresa de verdade" o nosso faturamento bateu na casa de um milhão de reais. O nosso primeiro milhão!

Trabalhar com alimentação não é algo fácil, e temos mais exigências e órgãos fiscalizadores nos auditando do que a maioria dos setores. Comida é perecível. Tem data de validade. É algo tão delicado que, depois do vencimento, além de afetar a qualidade do produto, com perda de texturas e sabores, ainda pode causar intoxicação alimentar.

Por termos uma validade relativamente baixa, nunca conseguimos estocar produto para vender depois, tudo era feito sob encomenda. A dinâmica entre a venda direta ao consumidor final, o B2C, e para um revendedor, o B2B, é bem diferente. A partir do momento que começamos a fornecer para terceiros, tivemos que passar a nos preocupar ainda mais com essa questão da validade.

Naquela época, começamos a trabalhar com alguns pontos de venda consignados, ou seja, tivemos que ajudar a controlar o estoque do revendedor para que não perdêssemos produtos. Algumas entregas, inclusive, tinham que ser feitas em horários específicos.

Essa não foi a maior mudança que enfrentamos. Na revenda, a margem de lucro acaba sendo bem menor, uma vez que existe um intermediário e o prazo de pagamento é bem maior. Tivemos que nos adaptar a essa realidade também.

Embora financeiramente esse modelo de negócio possa parecer menos vantajoso para quem produz, porque o lucro é menor, por outro lado se ganha muito no aumento da quantidade de vendas, que amplia o alcance do produto e multiplica a exposição da marca.

Isso tudo acabou rendendo novos aprendizados. E abrindo um novo campo de atuação.

A fábrica de Laranjeiras nos trouxe algumas surpresas muito agradáveis. O lugar não possuía uma loja para a venda direta ao consumidor. Ela era somente a fábrica onde produzíamos os brownies. Um estabelecimento que só tinha uma porta, por onde entrávamos e saíamos, e que ficava fechada na totalidade do tempo.

Mas o delicioso cheirinho de chocolate que se espalhava pelas redondezas fez com que as pessoas descobrissem o que fazíamos ali. E elas passaram a bater o dia inteiro à nossa porta, à procura do brownie.

Então, começamos também a negociar ali mesmo, na porta. Afinal, não poderíamos nos dar ao luxo de perder aquelas vendas. Essa estratégia acabou se apresentando muito eficaz, porque, no final, essas pessoas acabaram se tornando os nossos clientes mais fiéis.

A gente produzia tanto que chegou um momento em que precisávamos de um carro de carga para que pudéssemos distribuir os brownies. Eu havia até pensado em comprar uma Fiorino e cheguei a perguntar para o pessoal da minha turma na faculdade se conhecia alguém que pudesse me vender uma.

Para a minha surpresa, o meu melhor amigo do time de futebol disse que tinha uma caminhonete para vender. Ele era dono de uma distribuidora. Eu me questionei: Como é que uma pessoa tão próxima de mim tinha um negócio e eu não sabia? Às vezes, existem soluções muito próximas de nós, mas não fazemos a menor ideia de que elas estão ali. E é por isso que devemos ficar sempre muito atentos a tudo o que está a nossa volta, justamente porque as oportunidades podem vir de onde menos esperamos.

Compramos a caminhonete, que apelidamos de Fifi. E ela, mais do que fazer o transporte, por vezes acabou funcionando também como estoque.

Com maior capacidade de produção, a gente aumentou ainda mais o nosso poder de vendas, o que fez com que, em pouco tempo, a nossa cozinha ficasse mais uma vez pequena demais. E, naturalmente, assim como já havia acontecido na casa dos meus pais e posteriormente na Bendita Tortas, acabamos chegando mais uma vez ao nosso limite.

Após um ano apenas na nova fábrica, era hora de sair novamente à procura de um lugar maior.

13

MISTURANDO OS INGREDIENTES CERTOS: A IMPORTÂNCIA NA ESCOLHA DOS SÓCIOS

"Se quer ir rápido, vá sozinho. Se quer ir longe, vá em grupo."
– Provérbio africano

O tempo que ficamos em Laranjeiras foi fundamental para o nosso crescimento profissional. Aprendemos na prática o que era abrir uma empresa, mas além disso vimos que também precisávamos nos profissionalizar em vários aspectos, inclusive societariamente.

Até aquele momento o Brownie do Luiz tinha somente eu e o Thomaz como sócios. Os demais eram funcionários, que recebiam salários para trabalhar e não compartilhavam parte dos lucros. Mas eu estava convicto de que precisávamos de mais gente na sociedade para fazer aquilo crescer.

Como dizem por aí, uma sociedade é como um casamento, onde é preciso ter certeza que aquela é a pessoa certa. Eu concordo plenamente com isso.

É claro que, assim como os casamentos, nem sempre acertamos. Mas é preciso que nos esforcemos ao máximo para escolher a pessoa certa.

Para mim, o primeiro ingrediente para uma sociedade de sucesso é a confiança. Confiança é uma das poucas coisas que não se compra nessa vida. E é por isso que eu a valorizo tanto.

Além de mim e do Thomaz, chamei para entrarem no quadro societário mais oito pessoas que direta ou indiretamente estavam trabalhando no Brownie do Luiz no último ano. O Paulinho e a Vaninha ficaram responsáveis pela área de produção, o Luiz Felipe pela comunicação e meu primo Luquinhas e meu irmão Lucas pela parte administrativa. O Guilherme Barros, que escreveu o prefácio do livro, era o consultor jurídico, e o Guilherme Lito, uma espécie de consultor empresarial. E embora não metessem a mão na massa, também se tornaram sócios, assim como meu grande amigo Nicolau Villa-Lobos, que foi a única pessoa que, até hoje, aportou dinheiro no Brownie do Luiz.

Eu gostava de trabalhar com essas pessoas e, principalmente, tinha muita confiança nelas. Cada uma tinha uma habilidade complementar à minha. Uma era cozinheira, outro advogado, outro designer, outro economista... Todos tinham o seu porquê de estar ali.

Apesar de ter certeza de que, até o momento, aquela tinha sido a melhor decisão empresarial que eu havia tomado na vida, muitas pessoas não concordaram com a minha atitude, alegando que eu deveria ter vendido o *equity*, que é o percentual da empresa.

Quando você está construindo uma organização, rapidamente se dá conta de que é impossível fazer tudo sozinho. E só conseguimos criar uma empresa forte quando encontramos pessoas que dividem os mesmos valores e propósitos. Isso pode parecer clichê, mas é exatamente assim que acontece. Às vezes não damos a atenção necessária quando tomamos esse tipo de decisão, o que acaba por fazer com que escolhamos os nossos sócios por conveniência. E, é claro, um dia essa conta chega.

Quando isso acontece, é triste. Porque, assim como nos términos de casamentos, normalmente só conversamos sobre determinados assuntos quando decidimos nos separar. Quem ficará morando na casa? E o cachorro? Essas são perguntas que se tornam comuns no final, mas que, na verdade, já deveriam ter sido conversadas lá no início.

O mesmo vale para os relacionamentos empresariais. Como faremos o *valuation*, ou seja, a avaliação da empresa? Como separaremos o dinheiro do caixa? No calor da decisão, quando acontece a separação, é muito difícil que as partes cheguem a um acordo onde ambas saiam realmente satisfeitas.

Quando uma sociedade ou um relacionamento termina, é porque pelo menos uma das partes não está mais feliz. Por isso que é tão fácil encontrar empresas onde os sócios brigam, param de se falar, recorrem a advogados... Não é difícil de vermos pais e filhos entrando com processos judiciais um contra o outro e casamentos duradouros indo por água abaixo. Tudo isso, na maioria dos casos, por conta de ego ou dinheiro. Ou as duas coisas.

E eu vi isso acontecer bem diante dos meus olhos, com a minha própria mãe. A Academia da Cachaça sobreviveu a inúmeras crises do país, mas não conseguiu sobreviver ao desgaste da relação. E por falta de alinhamento entre os sócios ela resolveu vender a sua parte na sociedade.

No início de qualquer empreendimento, na empolgação, as pessoas acabam não se dando conta da verdadeira importância que tem um sócio. E esse é um assunto de extrema relevância, principalmente para aqueles que estão querendo abrir o próprio negócio. Afinal, na minha opinião, estar alinhado com todos os sócios é o primeiro passo para ter uma empresa duradoura.

Se você planeja ter uma empresa, pense muito bem no sócio que vai estar com você nessa caminhada. Converse antes sobre as coisas negativas, como uma ruptura na sociedade, que podem vir a acontecer. É muito mais fácil ter esse tipo de conversa quando as coisas estão bem do que quando não estão. Falo isso por experiência própria.

Hoje tenho alguns sócios no Brownie do Luiz, todos escolhidos a dedo. Porém, dois sócios que fizeram parte dessa trajetória não estão mais com a gente.

A primeira saída, do Thomaz, foi a mais difícil. E justamente porque nunca havíamos falado a respeito do assunto. Mesmo sendo uma situação extremamente desconfortável, depois de algumas conversas, com muito tato e delicadeza, conseguimos chegar a um acordo e compramos a parte dele na sociedade.

Isso me acendeu a luz de alerta. Não queria que passássemos novamente pelo que passamos. Pelo menos, não da maneira como foi. Aprendi com o erro. E não esperei acontecer de novo. Logo depois dessa ruptura, a primeira coisa que eu fiz foi me reunir com todos os demais sócios para decidirmos o que aconteceria caso um de nós quisesse um dia sair do Brownie do Luiz.

Foi um processo muito enriquecedor. E hoje em dia eu aconselho todo mundo que tem uma empresa a fazer algo parecido. Mas, claro, essa conversa só vai conseguir ser realmente produtiva se acontecer em um momento em que nenhum dos sócios queira sair da empresa.

Alguns anos depois, o Guilherme Lito quis deixar o negócio. E, com o aprendizado, esse processo acabou sendo mais fácil. As coisas aconteceram de forma muito rápida, com apenas uma conversa, pelo simples fato de que tudo já havia sido combinado anteriormente.

Mesmo que de formas diferentes, me sinto orgulhoso de como conseguimos conduzir os dois processos. E mais orgulhoso ainda de, depois de tudo, mantermos firmes as nossas amizades. Tão firmes que, sempre que pode, o Lito passa lá na nossa fábrica para tomar um cafezinho com a gente. O Thomaz mudou de cidade e fica a maior parte do tempo viajando, mas apesar de encontrá-lo pouco hoje em dia, o carinho que mantemos um pelo outro continua o mesmo.

Hoje somos oito sócios, entre irmão, primo e melhores amigos. Por isso, todos os dias eu agradeço por ter sócios tão incríveis! Todos são pessoas muito próximas de mim e sabemos que juntos somos mais fortes. É graças a eles que o Brownie do Luiz existe — e resiste — até hoje.

E mesmo sendo a cara do Brownie do Luiz, eu sei que, sozinho, jamais teríamos chegado aonde chegamos. Porque o Brownie não é só do Luiz. É do Paulinho, da Vaninha, do Lucas, do Luiz Felipe, do Barros, do Luquinhas e do Nicolau. É como se fosse um time de futebol, onde cada um tem a sua real importância.

E é por isso que, com o perdão do trocadilho, essas pessoas são um capítulo à parte na minha história.

14

FINCANDO O MASTRO NA PRAÇA DA BANDEIRA: NOSSA SEGUNDA FÁBRICA

"Nada é permanente, exceto a mudança."

— Heráclito, filósofo

Mesmo ainda apegados à lojinha de Laranjeiras, queríamos continuar crescendo. Na verdade, precisávamos, porque o espaço já não comportava o tamanho da nossa produção.

Após visitarmos diversas locações, achamos um excelente espaço na Praça da Bandeira. A nova fábrica tinha mais de duzentos metros quadrados. Era quase dez vezes maior que a anterior. E ainda vinha com um bônus: ficava em uma área muito central do Rio, excelente para logística.

O espaço era ótimo, mas não estava preparado para receber uma fábrica. Então, lá fomos nós para mais uma obra.

Mas aquele ano de 2013 ainda reservaria uma outra mudança. E enquanto um novo ciclo começava, outro chegava ao fim.

Foram três anos de faculdade de administração... Três anos frustrantes. Poucas foram as matérias e os professores que me ajudaram ou incentivaram nos negócios.

Mas nem tudo foi ruim. Fiz muitos amigos e conheci pessoas incríveis. A maioria eram alunos, mas havia também alguns poucos professores que ajudaram bastante, como meu xará Luiz, responsável pelo Departamento de Empreendedorismo da PUC na época. Foram dele algumas das iniciativas mais legais da faculdade, como a disciplina que não usava provas, mas técnicas modernas de educação como a gamificação, que é o uso de jogos, em sua maioria virtuais, para cativar as pessoas por intermédio de desafios constantes e bonificações em forma de nota.

Eu tive a honra de participar de uma de suas aulas. Desenvolvemos junto a um grupo de estudantes de ciência da computação um jogo de computador do Brownie do Luiz, estimulando o empreendedorismo. O aluno jogava durante as aulas e abordava temas importantes nos negócios, como lei da oferta e da procura, investimentos, validade do produto... Uma experiência realmente enriquecedora.

Enquanto isso, no Brownie, estávamos radiantes com a nova fábrica da Praça da Bandeira. Mas o que iríamos fazer com o espaço de Laranjeiras? Ainda tínhamos dois anos de contrato e deixá-lo fechado seria um verdadeiro prejuízo. Além de uma grande burrice! Podíamos também encerrar o contrato e pagar uma multa rescisória, mas acreditávamos que ali havia uma oportunidade.

Foi então que surgiu a ideia de transformar o espaço na primeira loja do Brownie do Luiz.

O problema era que não tínhamos um real para fazer uma reforma na nova loja. Havíamos gastado tudo que tínhamos nas obras na Praça da Bandeira. Então, decidimos colocar a nossa imaginação para funcionar. Improvisamos um balcão feito de madeira, colocamos na frente da loja e deslocamos um de nossos funcionários para ficar ali vendendo. E simplesmente abrimos as portas.

Somente depois de alguns meses, após ganharmos novo fôlego financeiro, foi que conseguimos fazer uma boa reforma e dar realmente uma cara de loja para esse espaço de Laranjeiras, porque até então era praticamente um puxadinho! Como já falei aqui, o feito é inimigo do perfeito.

A loja foi um grande sucesso. Apesar do tamanho pequeno e da escassa variedade de produtos — quando iniciamos tínhamos apenas cinco produtos —, as vendas foram bastante satisfatórias.

O cheirinho de chocolate invadia a vizinhança. Por isso, todos os dias, as pessoas já batiam à nossa porta, mesmo fechada, para comprar os brownies, o que aumentava as nossas vendas. Foi graças a esse movimento que decidimos inaugurar nossa segunda "loja", em frente à nova fábrica, que chamamos carinhosamente de "lojinha da Praça da Bandeira".

Coloquei entre aspas porque ainda não era muito bem uma loja. Na verdade, era praticamente um "passa-brownie". Assim como em Laranjeiras, a porta também ficava fechada, mas com uma diferença: havia uma janelinha. E era por ali que as pessoas acabavam retirando as encomendas.

Até então, a comunicação e a transmissão de cultura da empresa entre as pessoas eram totalmente orgânicas, não pensávamos muito sobre o assunto. Todos se conheciam, trabalhavam no mesmo local, e qualquer comunicado ou mudança operacional acabavam sendo mais simples.

Ao abrir a loja de Laranjeiras, pela primeira vez, passamos a ter dois ambientes de trabalho diferentes, e essas dinâmicas começaram a mudar. Os ruídos na comunicação foram ficando maiores e, aos poucos, as culturas foram se distanciando. Parecia que a fábrica e a loja não faziam parte da mesma empresa.

Afinal de contas, estávamos crescendo cada vez mais rápido e todos os nossos esforços estavam voltados para atender aquelas demandas. E se não tínhamos tempo direito nem para darmos treinamento, imagina para transmitir a cultura...

Isso teve um preço. E só fomos ter a verdadeira consciência da importância dessas atividades depois dos muitos desafios que enfrentamos. Somente após darmos muitas cabeçadas foi que conseguimos entender que, muito mais do que simplesmente contratar funcionários, era fundamental contratar pessoas alinhadas com a nossa cultura. Como já dizia Peter Drucker, considerado o pai da administração moderna, "a cultura come a estratégia no café da manhã". Por isso, entendemos na prática a importância da disseminação entre todos os funcionários.

O ano de 2014 foi de adaptação e contratação. Devido ao nosso processo extremamente manual, para aumentar nossa produção, necessariamente tínhamos que aumentar nossa equipe. Éramos em torno de dez pessoas, somente na parte fabril, sendo que a maioria apenas embalava os produtos. Afinal, eram mais de duas mil unidades de brownies por dia. Foi nesse momento que me dei conta de que estávamos nos tornando uma indústria. Precisávamos urgentemente automatizar esse processo.

Comecei a ir a feiras de equipamentos, conversar com pessoas e órgãos do setor. Descobri um mundo totalmente novo, pelo qual me apaixonei à primeira vista.

Em um desses eventos de equipamentos industriais deparei com uma máquina que facilitaria muito nosso processo de embalagem. Pesquisamos alguns fornecedores e compramos nossa primeira embaladora, que nos ajudou muito na produtividade.

Embora planejada, essa mudança na embalagem nos preocupou bastante, porque modificava radicalmente a estética da maior parte dos nossos produtos. Eles não teriam mais o aspecto artesanal, passando a ficar com uma cara mais industrial. E não sabíamos o impacto que isso poderia causar nos consumidores.

A área de comunicação, liderada pelo meu sócio Luiz Felipe, foi quem comandou todo esse processo, desde o desenvolvimento da embalagem até a criação da campanha. A estratégia foi totalmente montada para que essa mudança afetasse positivamente nossas vendas e a percepção dos clientes.

A campanha focava na reciclagem, incentivando as pessoas a nos devolverem as embalagens vazias. Queríamos mostrar que a nova roupa dos nossos brownies unitários era mais fácil de reciclar do que a embalagem anterior, que ainda era de papel celofane com um adesivo do Brownie do Luiz. A partir daquele momento, as embalagens já vinham impressas de fábrica e entravam diretamente na embaladora. Publicamos inclusive um vídeo mostrando toda essa transformação e os seus benefícios.

O resultado da estratégia da reciclagem acabou não saindo como esperávamos. Mas as embalagens foram um grande sucesso. E continuam as mesmas até hoje.

Nossas duas lojas, a de Laranjeiras e a da Praça da Bandeira, estavam performando muito bem. Mas devido à utilização das máquinas, pela primeira vez, estávamos com a capacidade produtiva ociosa. Resolvemos abrir mais uma unidade. E depois de algumas muitas noites debruçados sobre estudos, escolhemos o Leblon como o local ideal. Afinal, além de ser um bairro clássico do Rio de Janeiro, era a região onde tínhamos o nosso maior volume de clientes.

Encontramos uma loja e, para não fugirmos à regra, entramos em mais uma obra.

A gente faz tantas reformas, com tão pouco tempo entre uma e outra, que eu costumo brincar com o pessoal dizendo que somos quase uma empresa de construção civil, porque desde que saímos da Bendita Tortas, fazemos tantas obras quanto brownies.

A loja do Leblon foi inaugurada em 2014. Foi o local em que fizemos mais reformas, já tivemos até uma vaga viva[1] na porta! É também a nossa loja com maior fluxo de clientes. Fica perto da praia e virou quase um ponto turístico para o pessoal de fora do Rio.

Nossas três primeiras lojas foram um sucesso e funcionam até hoje.

Todo esse movimento me fez parar, em 2016, nas páginas da revista *Forbes*, quando aos 26 anos fui considerado um dos "30 abaixo de 30", que apontava os trinta jovens mais promissores do Brasil antes dos 30 anos. Sair na *Forbes* deu ainda mais visibilidade ao Brownie do Luiz.

Nem tudo, porém, é tão fácil quanto parece na vida de um empreendedor. Com as coisas indo bem, naturalmente tentamos implementar novas unidades na sequência. Mas elas acabaram não dando os bons resultados que esperávamos.

Como já contei há alguns capítulos, o quiosque no Plaza Shopping, em Niterói, foi a nossa primeira e traumática experiência em um shopping, onde tivemos que fechar com apenas seis meses de operação. Depois, abrimos uma loja em Copacabana em parceria com a Vezpa Pizzas, mas essa também não durou nem um ano.

---

[1] A Vaga Viva consiste em uma ocupação temporária de algumas vagas de estacionamento de carros, transformando-as em área de convivência, lazer e área verde. O objetivo é estimular o debate a respeito da relação entre a cidade, o automóvel e as pessoas.

Porém, sempre podemos tirar grandes lições, mesmo dos fracassos. E essas experiências nos fizeram compreender melhor o nosso modelo de loja. Além de somente vender, precisávamos também conhecer nossos clientes e entender os seus desejos. Outra importante mudança foi perceber que poderíamos usá-las como Centros de Distribuição para o nosso principal canal de vendas, que era o B2B, o que facilitou bastante a logística.

Naquele momento, nossas lojas eram *take away*, ou seja, o cliente comprava e não permanecia ali para consumir. Nosso espaço limitado, sem mesas e cadeira, estimulava esse modelo.

Passamos três anos na fábrica da Praça da Bandeira. Nesse tempo, dobramos o número de pessoas trabalhando. E devido à boa performance nas três lojas — Laranjeiras, Praça da Bandeira e Leblon —, somadas ao crescimento dos pontos de venda, triplicamos nosso faturamento.

Então, mais uma vez, o que parecia ser muito grande ficou pequeno demais.

15

EVOLUIR PARA EXPANDIR: FERMENTANDO O NEGÓCIO

"Um negócio que não produz nada além de dinheiro é um negócio pobre."

— Henry Ford, empreendedor norte-americano, fundador da Ford Motor Company

Lá estávamos nós, novamente, às voltas com a procura de um lugar que, mais uma vez, nos comportasse. Rodamos praticamente o Rio de Janeiro inteiro em busca de um novo lar para o Brownie do Luiz. E para a nossa sorte — olha a "sorte" aí novamente! —, encontramos um espaço justamente ao lado de onde já funcionávamos, na mesma rua. Ao lado mesmo!

O lugar tinha oitocentos metros quadrados dividido em três andares, que dariam para acomodar confortavelmente, além da fábrica, também salas de escritório, vestiários, refeitório e até uma hortinha.

A fábrica ficou pronta em 2017 e o seu projeto arquitetônico foi muito enriquecedor, porque foi totalmente pensado em função de tudo que já havíamos vivido até aquele momento. Conseguimos nos lembrar de todas as dificuldades que tivemos nos lugares anteriores, juntamos com os desejos que tínhamos de agilizar o processo e foi possível colocar tudo em um mesmo local, otimizando consideravelmente a nossa operação.

Como a produção ficava no primeiro andar e o estoque no segundo, os pesados *pallets* com as latas e os grandes sacos com os insumos teriam que subir e descer pela escada.

Foi então que nosso "Professor Bugiganga", que é como chamamos o nosso sócio Paulinho, entrou em ação. Construímos um elevador semiautomático para o transporte desses *pallets* de latas e sacos de insumos, e criamos cilindros de metais para o armazenamento dos ingredientes. Conectamos os dois andares através de um tubo e fizemos com que a lei da gravidade ajudasse o nosso processo.

O mais legal disso tudo foi que o Paulinho não pensou somente na parte prática de tornar a fábrica muito mais produtiva e organizada, mas também em fazê-la mais segura para evitar lesões e acidentes.

Porém, enquanto mudávamos para a nossa nova casa, mais uma vez deparamos com uma conhecida dúvida: o que fazer com o espaço da antiga fábrica da Praça da Bandeira?

Já havíamos tido uma experiência semelhante. Então, por que não? O lugar era bem maior que Laranjeiras e isso nos permitiu explorar novas oportunidades. Transformamos aquele "passa brownie" em nossa maior loja.

Além da reforma para que ficasse no mesmo padrão de Laranjeiras, ampliamos o lugar e montamos uma cozinha experimental para que servisse como laboratório de experimentos de novos produtos.

Foi ali que surgiram nossos ovos de Páscoa, panetones, barras de chocolate, brownie zero açúcar e de chocolate branco.

Com o crescimento da produção das casquinhas, que passaram a ser comercializadas em dois outros sabores, avelã e doce de leite, percebemos que mesmo essas bordas que anteriormente eram alvo de descarte também produziam resíduos. E isso nos levou a criar dois novos produtos com o que sobrava do Veneno da Lata. Isso mesmo, "o resto do resto".

As casquinhas que não estavam do tamanho padrão, ou esteticamente dentro das nossas exigências, não eram embaladas. A mesma coisa acontecia com os farelos que sobravam quando fazíamos o corte.

Então, resolvemos criar o granel e a farofa, produtos da linha Food Service que só vendemos para empresas parceiras que produzem sobremesas exclusivas para as suas lojas.

Foi assim que o Koni, T.T. Burger, Chez Michou, Vezpa Pizzas, Kunthy, San Paolo Gelato, Momo, Bullger, Purifica e Atelier dos Sabores se tornaram nossos parceiros na criação de novos produtos.

Graças a esses acordos surgiram novidades como a pizza de brownie com sorvete da Vezpa Pizzas, o sorvete de creme batido com chantilly e raspas do nosso brownie a granel do T.T. Burger, o temaki de brownie com doce de leite do Koni, as tortas recheadas com farofa de brownie do Atelier dos Sabores e até mesmo uma linha exclusiva de picolés do Kunthy.

Foi também nessa cozinha experimental que começamos a nossa parceria com a Bela Gil.

Foi o nosso primeiro brownie sem qualquer relação com o brownie original, onde todos os ingredientes eram totalmente diferentes. Os fornecedores eram locais e foram selecionados a dedo.

É o nosso brownie vegano e sem glúten — embora seja sempre bom lembrar que, por mais que o produto seja fabricado sem glúten, por ser produzido na mesma indústria do brownie original, pode conter traços de glúten. Esse não é um livro de receitas, mas não custa nada deixar claro...

O produto ficou quase dois anos em desenvolvimento. Para o lançamento, fizemos um vídeo onde eu e a Bela aparecíamos em animação mostrando os ingredientes e os benefícios do consumo. A Bela ainda fez um vídeo em seu canal ensinando a fazer passo a passo a receita.

O Brownie por Bela abriu portas para uma nova frente na nossa empresa, e na esteira dele vieram o achocolatado vegano e o zero açúcar. Apenas os primeiros dos muitos produtos dessa linha que ainda estamos construindo.

Claro que o nosso maior faturamento ainda vem dos produtos tradicionais, mas o mercado brasileiro de alimentação está mudando aos poucos e temos que estar preparados para essa transformação.

Com o bom espaço que passamos a ter nessa antiga fábrica, criamos uma área para "descompressão", com tatame, almofadas, projetor e fliperama, que também usamos como sala de reunião.

Acho muito legal ver os funcionários ali, dormindo após o almoço ou ficando até mais tarde para jogar videogame. Ou mesmo conversando com os clientes.

Aproveitamos esse ambiente também para a prática de ginástica laboral duas vezes na semana, a fim de evitar lesões

Mas esse espaço não se limita somente à cozinha experimental e à área de descompressão. A partir de um hobbie do Paulinho — que, como já mencionei, adora construir soluções e coisas novas —, criamos ali também uma marcenaria e começamos a reutilizar os *pallets* para decorar os nossos escritórios e lojas com objetos e móveis criados a partir dos nossos resíduos. São luminárias, bancos, cadeiras, mesas, balcões, expositores, quadros, arranjos de plantas...

Mas as nossas criações não se resumem somente aos objetos de madeira. Com as toucas que usamos diariamente na nossa produção, fabricamos também almofadas de lona reciclável. E essas mesmas lonas também se transformaram em bolsas.

Tudo construído com o material que reutilizamos. Para nosso orgulho, a decoração de grande parte do interior das nossas lojas é feita com material que ia para o lixo.

Com tantas possibilidades em um mesmo local, ainda aproveitamos o espaço para separar e recolher algumas de nossas latas. Nelas, plantamos mudinhas e distribuímos para os nossos clientes em datas comemorativas como o Dia das Mães e o Dia dos Namorados.

Ali também criamos a UniversiBrownie, um projeto em que um membro da equipe do Brownie ministrava cursos para outros funcionários e até mesmo clientes. Ali, eram abordadas questões sobre gestão financeira, empreendedorismo, investimento, franquias, pesquisa, produtividade, Excel, planejamento estratégico, comunicação não violenta, política, funcionamento do sistema Legislativo, Judiciário e Executivo do Brasil e até como fazer pão!

No momento, os cursos do UniversiBrownie estão parados, mas as mentorias e palestras estão a todo vapor.

Com os dois espaços criamos um verdadeiro complexo do Brownie. A antiga fábrica se transformou em uma área de experimentos — de onde saem as nossas melhores ideias e inovações — e permitiu que a nova fábrica pudesse ser muito mais produtiva.

É lá, na Praça da Bandeira, no centro do Rio de Janeiro, que bate o coração do Brownie do Luiz.

16

IMPRIMINDO A NOSSA MARCA BRASIL AFORA: A IMPORTÂNCIA DE MOSTRAR A NOSSA CARA

"A magia de trabalhar com atendimento ao cliente é que todos os dias você pode encantar várias pessoas."
— Fernando Rosa, palestrante brasileiro

A construção de uma marca é um dos assuntos que tenho mais estudado nesses últimos anos e acho que durante toda nossa trajetória fizemos um bom trabalho nesse sentido.

É muito difícil construir uma marca sólida nesse mercado tão competitivo, não importa o setor. Mas é fácil demais destruir essa imagem. Por isso, um atendimento rápido e de qualidade é fundamental. Porque se houver alguma falha que não seja reparada imediatamente, sua marca pode ser destruída em questão de segundos, ainda mais nos dias de hoje, quando as pessoas passaram a ter acesso em tempo real a qualquer tipo de informação bem na palma da mão.

As mídias sociais ajudam muito nas divulgações positivas, mas o que é bom também pode ser prejudicial e fazer com que as empresas sofram com as críticas negativas quando o cliente não for bem atendido.

Qualquer serviço ruim, problema na entrega ou um produto que por algum motivo foi vendido fora do padrão deve ser corrigido a tempo ou tratado como prioridade quando houver uma reclamação.

Mas nem sempre os contratempos são somente esses. Já tivemos um caso de uma cliente que estava em uma de nossas lojas e sofreu uma ameaça de um homem que entrou no estabelecimento, o que fez com que ela ficasse com aversão à nossa marca.

Nossas equipes são treinadas para sempre encantar os clientes, mas ninguém está livre de uma situação como essa. E, nesses casos, o diferencial é como a empresa trata o assunto, tentando entender e contornar o problema, ouvindo a reclamação e oferecendo alguns mimos como forma de desculpa.

Daquela vez, porém, essa estratégia não funcionou. E a cliente continuou com aversão à nossa marca.

Ao tomar conhecimento do problema, tratei de ligar para ela e marquei um bate-papo para que eu conseguisse não somente entender melhor o que tinha acontecido, mas também aprender como o Brownie do Luiz poderia melhorar diante de situações como aquela.

Nessa conversa entendi melhor as suas percepções e saí desse encontro acreditando que ela tenha entendido as nossas também.

Nossa função é fornecer o melhor produto e serviço, mas nem sempre isso acontece. Por isso, o fundamental é estar o tempo inteiro à disposição para tentar resolver os problemas dos clientes e fazer com que eles voltem a ficar encantados e satisfeitos com a empresa.

Acredito que a construção de uma marca passa por um conjunto de elementos que devem andar sempre juntos: pessoas, produtos, serviços, parceiros, identidade visual, atendimento...

Como meu sócio Luiz Felipe, responsável pela comunicação da empresa e criador da logo e de toda identidade visual do Brownie do Luiz, sempre me fala, "a marca evolui junto com a empresa". E a nossa identidade foi amadurecendo junto com as pessoas ali dentro.

Nossos grandes marcos empresariais foram expressos em nossa identidade. Atualizamos nossa marca quando nos mudamos para nossa primeira fábrica própria e quando automatizamos nossa embalagem.

Mas acreditamos que o nosso maior divisor de águas, e que ajudou a valorizar e consolidar definitivamente a nossa marca, foi a criação do Veneno da Lata.

Percebemos que poderíamos fazer de tudo com essas latas. Então, começamos a personalizá-las.

Colocamos arte em seus rótulos, por meio de ilustrações de diversos artistas brasileiros, e até mesmo passamos a fornecer como lembrança de casamentos, aniversários e eventos corporativos.

O Veneno da Lata se tornou tão importante que ao longo dos anos acabamos lançando diversos outros produtos dentro dela, como o alfajor, o ovo de Páscoa, o brownietone, camisetas e até o Faça Você Mesmo, a nossa mistura pronta.

Tenho certeza de que o Veneno da Lata foi um fator fundamental para o nosso crescimento. Mas sei também que não foi o único...

Comunicar é outro fator fundamental na construção de uma marca e as redes sociais facilitaram e baratearam muito nosso processo. Mas, além da internet, a televisão também foi um grande aliado para que ganhássemos amplitude nacional.

Nossas participações nos programas *Esquenta*, *Caldeirão do Huck*, *Pequenas Empresas Grandes Negócios*, *Mundo S/A* e *Mais Você* foram importantes demais para que a nossa marca fosse vista com mais credibilidade.

Essas aparições geraram, naturalmente, uma grande exposição também em outras mídias off-line, como jornais e revistas.

O resultado foi que, além das vendas aumentarem ainda mais, acabei ganhando a oportunidade de abrir uma nova porta profissional, recebendo alguns convites de importantes instituições, empresas e plataformas para palestrar, como o Sebrae, Firjan, Fecomércio, Citroën, Santa Helena, Naturgy, TED... Fiquei honrado com os convites porque adoro compartilhar nossa história.

Sei também que tanto as palestras quanto os programas de TV não aconteceram por acaso. Tenho certeza que só surgiram porque estamos sempre tentando nos reinventar e criando coisas novas.

A mídia precisa de novidade, o tempo todo. É assim que eles ganham mais audiência e, consequentemente, mais dinheiro.

Com a internet não é diferente. E ela se tornou uma grande aliada do Brownie do Luiz.

Sou da geração que viu o mundo virtual "invadir" o mundo físico. Isso aconteceu justamente no período em que eu estava na escola — coincidentemente, na mesma época que comecei a vender os brownies. Portanto, essa cultura on-line está no sangue e presente desde os primórdios da empresa. Hoje utilizamos algumas redes sociais — Facebook, Instagram, LinkedIn, Twitter, YouTube e TikTok —, todas sem nenhum custo.

Nosso site, além de comunicar sobre nossos produtos e ações, também é utilizado como plataforma de venda. E isso possibilitou levar o nosso brownie para todo o Brasil.

Essa presença on-line nos abriu os olhos para as oportunidades que existiam em outros Estados. E, em 2019, iniciamos dois projetos paralelos de expansão. Um deles foi a produção do Brownie do Luiz na fábrica do Mr. Brownie, que faz um trabalho superbacana em Brasília.

Lembra quando eu falei que a concorrência é essencial para o crescimento de uma empresa? Pois é... Foi indo ao encontro dessa linha de pensamento que desenvolvemos, em conjunto com o Mr. Brownie, um produto sazonal: o Mr. Brownie do Luiz, misturando as duas receitas.

Essa experiência, que deu supercerto, nos aproximou. Estreitamos ainda mais essa parceria e iniciamos uma produção do Brownie do Luiz em Brasília.

Isso mesmo! Quem teoricamente seria nosso concorrente virou parceiro na operação para o mercado do Centro-Oeste. Afinal de contas, eles já tinham uma fábrica com capacidade ociosa e um conhecimento do mercado de mais de dez anos na capital federal. Assim, indo na contramão do que pregam por aí, vimos na concorrência uma oportunidade de criar uma frente de negócio para as duas partes.

Não sei se a Pepsi emprestaria a sua fábrica para a Coca-Cola, mas aqui em nosso pequeno universo empreendedor brasileiro isso faz muito sentido.

O outro projeto de expansão foi a inauguração da nossa primeira loja fora do Rio.

Escolhemos São Paulo por ser um estado onde os nossos produtos já tinham uma excelente aceitação, sendo amplamente comercializados em bares, supermercados e restaurantes. Mais precisamente escolhemos o bairro da Vila Madalena, por conta do grande movimento na área e também por ser importante para a logística.

Na nova loja, replicamos a experiência que já tínhamos no Rio. Antes ou depois de escolher seus brownies, latas ou sorvetes, o consumidor também pode se sentar para saborear um cafezinho enquanto degusta pedacinhos de brownies que deixamos à disposição dos clientes em cima das mesinhas.

O mais legal dessa nova loja de São Paulo é que ela também funciona como distribuidora para todo o estado, facilitando muito a nossa logística nesse mercado tão importante do Sudeste do nosso país.

Esses foram os grandes desafios do Brownie do Luiz nos últimos anos. E desde então a minha vida se transformou em uma eterna ponte aérea. Rio-Brasília. Rio--São Paulo. Rio-Brasília-São Paulo.

Hoje, enquanto termino de escrever este livro, o Brownie do Luiz possui vinte e oito produtos no seu portfólio, produz uma tonelada de brownies por semana, aproximadamente dez mil unidades por dia, está presente em mais de dois mil pontos de vendas distribuídos em boa parte do Brasil e conta com uma equipe de sessenta pessoas.

Números bastante expressivos para uma empresa que começou na pequena cozinha da casa dos pais e que não para de crescer, graças ao esforço e dedicação de muita gente. Pessoas que acreditaram nesse sucesso desde sempre.

Por isso, não tenho dúvidas, esses números já não serão mais os mesmos quando você estiver começando a ler o nosso próximo capítulo...

17

CORONAVÍRUS: COMO ESTAMOS CONSEGUINDO NOS SAFAR DESSA

> "*A vitalidade é demonstrada não apenas pela persistência, mas pela capacidade de começar de novo.*"
> — F. Scott Fitzgerald, escritor norte-americano

O dia 24 de março de 2020, quando decretaram a quarentena no Rio de Janeiro e em São Paulo, onde ficam as nossas lojas, vai ficar marcado para sempre na minha memória. Pela segunda vez na vida achei que o Brownie do Luiz pudesse acabar. Certamente um dos momentos mais difíceis da nossa história. Nosso faturamento caiu mais de 70% do dia pra noite e não havia previsibilidade nenhuma. Se a situação continuasse do jeito que estava, só teríamos dinheiro para mais dois meses.

Como somos uma indústria de alimentos, não fomos obrigados a fechar completamente. Mas tivemos que adotar novas medidas de segurança. Porém, precisávamos tomar alguma providência rápida. Se não o fizéssemos, teríamos que, como boa parte das empresas do mundo, fechar as portas em pouquíssimo tempo.

Nossa primeira reunião de sócios pós-quarentena foi a pior possível. Estávamos totalmente desnorteados. Inseguros, aflitos, com os nervos à flor da pele e, infelizmente, brigamos feio. Não chegamos a nenhuma conclusão, apenas que precisávamos conversar novamente no dia seguinte.

A segunda conversa foi bem melhor, e decidimos que deveríamos ter reuniões de sócios diárias para tomadas de decisão mais rápidas. Sabíamos que, naquele momento, a velocidade de execução de novos processos nas empresas seria o principal diferencial competitivo. Ao longo da semana desenhamos diferentes cenários para os três meses seguintes. Projeções bem diferentes da que fizemos no início do ano. Daquela maneira não poderíamos ficar. E, para a sobrevivência do Brownie, seria necessária uma redução drástica na nossa estrutura.

Infelizmente, pela primeira vez, tivemos que desligar bons funcionários. Para mim, o pior momento da pandemia. Demitir já é uma das tarefas mais ingratas do empresário. Sabemos a importância de um emprego no país em que vivemos e como isso afeta as famílias, ainda mais quando a pessoa em questão não fez nada de errado. Mas, naquele momento, infelizmente, era nossa única alternativa.

Além disso, tivemos ainda que tomar algumas outras atitudes. Ligamos para nossos fornecedores e para os donos dos imóveis pedindo compreensão e algum tipo de redução durante aquele período. Todos foram muito compreensivos com o momento tão difícil e nos ajudaram muito. Acho que nossa boa relação com eles ao longo dos anos foi fundamental nesse processo. Nunca atrasamos nenhum pagamento. E a proximidade e empatia com essas pessoas e empresas foram o primeiro fator positivo que pude perceber nesse tal de "novo normal".

Da mesma maneira como nossos fornecedores aumentaram os prazos de recebimento, com a gente não poderia ser diferente, e também tivemos que agir assim com os comércios que compravam nossos brownies. Afinal, estávamos todos no mesmo barco. O problema é que não tínhamos fluxo de caixa suficiente para sustentar isso por muito tempo.

O governo tomou algumas medidas para ajudar o pequeno e médio empresário, como o adiamento no recolhimento de impostos, a redução na jornada de trabalho e o auxílio para pagamento da folha salarial, que foram essenciais para nossa saúde financeira.

Sabíamos também que em toda crise existem oportunidades. E começamos a analisar como o "novo normal" influenciaria no Brownie do Luiz.

Vimos que a quarentena causou um tipo de experiência diferente nas pessoas, e aproximou — ou reaproximou — muita gente da cozinha. Cozinhar passou a servir como uma espécie de terapia para espantar a tristeza do confinamento.

Com isso, nosso vídeo ensinando a fazer o brownie passou, inesperadamente, a ter uma audiência muito grande. Ficamos muito felizes por ajudar tantas pessoas a se distrair e até mesmo a começar seu próprio negócio.

Mas essa relevância on-line nos trouxe também novas oportunidades. E, além de começarmos a vender um novo produto — o cortador Brownie do Luiz, uma invenção exclusiva nossa —, passamos a dar mentorias para outros empreendedores.

Percebemos também que a nossa maior queda de vendas aconteceu no B2B, na venda para outros estabelecimentos, já que grande parte deles não estava autorizada a abrir. Nas nossas lojas próprias, ao contrário, apesar de estarmos operando com as portas fechadas, notamos que a queda não foi tão significativa, uma vez que as nossas plataformas de entregas estavam crescendo de forma exponencial. Também sentimos esse impacto positivo na nossa lojinha virtual.

Sempre tivemos muita preocupação com os nossos clientes. Mas embora o B2C, essa venda direta aos consumidores, seja um excelente canal de comercialização, antes da pandemia o nosso maior volume acabava sendo mesmo para o B2B, como mercados e postos de gasolina.

Rapidamente conseguimos identificar esse novo movimento. E voltamos toda a nossa energia para o cliente final. Percebemos que tínhamos que utilizar ainda mais a internet e as mídias sociais. Por isso, começamos a investir em propagandas on-line para aumentar as vendas do nosso e-commerce. Descobrimos um mundo novo mundo, com um potencial gigantesco.

Em apenas duas semanas, nossas lojas passaram de segundo plano para o principal foco da empresa. As vendas por aplicativos de entrega como iFood, Rappi e Uber Eats não paravam de crescer. Mas esbarramos em um novo problema. Embora conseguíssemos entregar por Sedex em todas as regiões do Brasil para quem comprasse pelo nosso site, a pronta-entrega só funcionava nos bairros próximos às nossas lojas, uma vez que essas plataformas de delivery possuem um raio limite. Por isso, regiões importantes como a Barra da Tijuca, por exemplo, que não estavam dentro dessa área, não conseguiam ser atendidas com mais eficiência.

Acreditamos que a velocidade e o valor da entrega influenciam diretamente a preferência do nosso consumidor, já que, normalmente, o brownie é uma compra por impulso, com um ticket médio baixo.

Como muitas lojas estavam fechadas, procuramos pessoas que tivessem com espaços ociosos na Barra da Tijuca, com o intuito de montar uma *pop-up store*, uma loja temporária para vendas somente nas plataformas on-line de entregas.

Nessas andanças encontramos a professora de pilates da minha namorada, que estava sem poder abrir seu estúdio e nos sublocou o local por um mês. E em menos de trinta dias depois do início da pandemia, abrimos uma nova loja, somente de delivery.

Tivemos uma gestão muito eficiente, com velocidade de execução e baixo risco no projeto. Porém, mesmo com todas as expectativas, a loja não teve um bom desempenho. Pelo menos não tivemos nenhum prejuízo.

A *pop-up* da Barra da Tijuca não deu certo. E com a queda do movimento dos pontos de venda, as lojas do Leblon, de Laranjeiras, da Praça da Bandeira, no Rio, e a da Vila Madalena, em São Paulo, passaram a sustentar o Brownie do Luiz naquele momento. Entendemos que a oportunidade estava ali, abrindo mais lojas próprias e aproveitando a baixa no setor imobiliário.

18

A IMPORTÂNCIA DE ENXERGAR O LADO POSITIVO: COMO CRESCER NA ADVERSIDADE

"Se a vida te der um limão, faça um brownie de limão."
— dito popular adaptado por Luiz Quinderé,
empreendedor e fazedor de brownies

A receptividade do povo paulistano fez com que, em pouco tempo, a loja da Vila Madalena se tornasse uma das principais do Brownie do Luiz. Sabíamos do potencial da cidade. E isso nos deu ainda mais confiança para que abríssemos mais unidades na capital paulista. Então, incumbido dessa missão, lá fui eu novamente para a capital comercial do país em busca de um novo espaço para alugarmos.

Mas essa procura foi bem diferente das anteriores. Normalmente, vou apenas focando em um bairro e faço o máximo de visitas em imóveis na região até encontrar o mais adequado.

Como estávamos em pandemia, fui em busca de oportunidades imobiliárias, afinal, muitas lojas estavam fechadas e os aluguéis mais baratos. Estávamos com alguns bairros no radar para abrir a nossa quinta loja do Brownie do Luiz. Encontramos uma loja muito bem localizada em Higienópolis. Foi a nossa primeira inauguração sem uma festa de abertura, por motivos óbvios.

Nosso crescimento em São Paulo estava ficando cada vez mais expressivo. Além das duas lojas, a quan-

A IMPORTÂNCIA DE ENXERGAR O LADO POSITIVO

tidade de revendedores estava aumentando. Claramente, nossa expansão passava por São Paulo. Só tínhamos um desafio: tanto eu quanto os outros sócios morávamos no Rio de Janeiro. E estávamos precisando dar mais suporte para nossa equipe de São Paulo.

Morar em São Paulo nunca esteve no meu primeiro plano, mas sempre soube que, em algum momento, isso iria acontecer. Para a patroa, que é atriz e cantora, o mercado paulista também é mais aquecido nessa área. Então no meio da pandemia, mais precisamente no meu aniversário de 31 anos, nos mudamos.

O ritmo de trabalho em São Paulo é bem mais acelerado. E minha ida para lá foi importante para o Brownie. Além de estar mais perto da nossa equipe de Sampa, tive a oportunidade de prospectar alguns clientes importantes e continuar em busca de novas lojas.

Numa dessas andanças, acabei encontrando uma loja em Moema, próximo ao parque Ibirapuera. A cara do Brownie do Luiz — e com um aluguel bem barato. Com isso, em pouco mais de um ano, já estávamos com três lojas em São Paulo.

Nessa onda vieram também novos produtos, alguns deles que já queríamos lançar havia algum tempo. Aumentamos a nossa família com a chegada do Cookie com Pedaços de Brownie, o Sanduíche de Brownie com Sorvete em parceria com o Iceburger, o Brownie de

Chocolate Branco, os tabuleiros com pedaços maiores de Brownie — apelidados carinhosamente de Big Brownies — e o Café do Brownie. Afinal, nada combina mais com um brownie do que um bom café!

Na procura por um café diferenciado, eu e meu sócio Luiz Felipe fomos parar em Minas Gerais, atrás de um produtor que quisesse desenvolver conosco o Café do Brownie do Luiz. E achamos a Have a Coffee, que comprou a ideia e se tornou nossa parceira em mais essa empreitada.

Outro projeto que, apesar de existir há alguns anos, também foi muito importante e cresceu bastante nesse período foram as latas especiais, o nosso Veneno da Lata.

Vários artistas, instituições, ONGs, marcas e tantos outros já haviam estampado o nosso produto mais conhecido. Mas o grande diferencial agora foi que as latas passaram a ser exclusivas do nosso canal virtual. E o grande barato é que parte da verba retorna para o "dono" do rótulo.

Muita gente incrível já estampou os nossos Venenos, como Anistia Internacional, Fundição Progresso, Hemorio, Isso não é, Vitor Prudi, Gabriel Carvalho, Guilherme Bandeira, Um Cartão, Camila Anselmé, Bruna Andrade, Marcel Serrano, Marina Papi, Valter Brum, Patati Patatá, Hello Kitty...

* * *

A IMPORTÂNCIA DE ENXERGAR O LADO POSITIVO 147

Uma dessas latinhas teve um sentimento especial. Como você já sabe, sou apaixonado por futebol. Não existe nada mais gratificante para uma pessoa do que conseguir juntar suas grandes paixões. Então, em uma ação que contou diretamente com o pessoal do marketing do Botafogo, lançamos três latas personalizadas com roupagens do clube. Foi como juntar a fome (de bola) com a vontade de comer (brownie).

O mais legal desse projeto foi ver o envolvimento de todos. Tanto o pessoal do Botafogo quanto o do Brownie do Luiz trabalharam juntos para que tivéssemos um produto diferenciado. E deu certo.

As latas fizeram tanto sucesso que abriram portas para conversas com diversos outros clubes. E o Flamengo chegou como mais um novo parceiro. Coincidentemente, os dois clubes onde joguei na juventude estampavam agora as latas dos brownies que levam o meu nome.

Além das questões emocional e de *branding*, os Venenos da Lata estampados com times de futebol venderam bem mais do que imaginávamos, acrescendo um faturamento importantíssimo nesse momento tão instável. Por isso, a nossa torcida agora é que consigamos ter todos os principais clubes do Brasil estampados nas latas do Brownie do Luiz.

19

NEM SÓ DE BROWNIE VIVE O LUIZ: DIVERSIFICANDO OS NEGÓCIOS

"Decidi não esperar as oportunidades e, sim, buscá-las. Decidi ver cada dia como uma nova oportunidade de ser feliz."
— Walt Disney, animador e empresário norte-americano

Como vocês puderam ver ao longo deste livro, sou muito mais empreendedor do que cozinheiro. Por isso, acabei me aventurando em vários projetos independentes da cozinha do Brownie.

Um deles foi o programa *Fora da Caixa*, exibido no canal a cabo Mais Globosat, em 2015. Naquele ano, fui convidado pelo casal de amigos Benedita Zerbini e João Pedro Januário para desenvolver um programa de empreendedorismo jovem. A proposta seria entender o estilo de vida do empreendedor, mostrando quem é a pessoa por trás da máscara do trabalho e como a vida dela influenciou no seu negócio.

A ideia era revelar verdades sobre empreendedorismo com naturalidade, em vez de ter alguém que talvez não soubesse nada sobre o tema fazendo perguntas óbvias e robóticas. Por isso, eles queriam que o programa fosse apresentado por um empreendedor. Assim, entrevistador e entrevistado falariam a mesma língua.

Para a minha surpresa, esse cara era eu! E foi assim que descobri que o convite não era somente para desenvolver o projeto com eles, mas também para apresentá-lo.

NEM SÓ DE BROWNIE VIVE O LUIZ: DIVERSIFICANDO OS NEGÓCIOS

Confesso que tive que segurar o riso ao ouvir a proposta para ser o apresentador. Não estava esperando. Mas acabei aceitando.

O processo foi incrível do início ao fim. Participei de várias etapas do programa e aprendi muito. Depois que decidimos o formato, precisávamos de alguém para produzi-lo. Foi então que entrou em cena o Estevão Ciavatta, padrasto da Benedita e um dos donos da Pindorama Filmes, uma produtora carioca muito conceituada no país. Estevão, que já sabia do projeto, comprou a ideia e conseguiu vender o programa para o canal Mais Globosat.

Apesar de ter participado de diversos programas de televisão, eu não estava acostumado com esse mundo, pelo menos não como apresentador. E o João e a Benedita, apesar de já terem experiência na área de audiovisual, estavam dirigindo pela primeira vez.

Mesmo diante desse cenário, que a princípio parecia caótico, conseguimos convencer o pessoal do canal de que iríamos entregar um excelente produto. E o projeto acabou se tornando uma grande aposta, tanto da Pindorama quanto do Mais Globosat.

Tudo aconteceu de forma muito rápida. Da primeira reunião à estreia foi menos de um ano, um período que, para mim, acabou sendo como uma grande faculdade de audiovisual. Aprendi muito.

Nossos encontros para as filmagens aconteciam diariamente. Normalmente, às cinco ou seis da manhã.

Como eu nunca havia feito nada parecido antes, me dediquei ao máximo para que o resultado fosse o melhor possível. Afinal, eu sabia que o sucesso daquele projeto dependia muito do meu esforço e que, da mesma forma, se o programa fosse um fracasso, seria a minha cara que estaria eternizada nele.

Eu já vivenciava um pouco desse universo por conta da Dani Guimarães, minha namorada, que é atriz. Ela me ajudou muito nesse processo, com seus conhecimentos sobre técnicas de voz, atuação e postura. Estudou comigo, me acompanhou em algumas filmagens. E apesar de ficar mais nervoso quando ela estava no set, Dani fez de tudo para que meu desempenho fosse o melhor dentro das minhas limitações.

Também tenho muito a agradecer à Regina Casé, uma pessoa por quem tenho um amor e admiração enormes, e que foi muito importante no resultado desse projeto. Além de ter sido cupido do meu relacionamento com a Dani, ainda tive a honra de ter recebido sua mentoria no *Fora da Caixa*.

Ela assistiu ao programa piloto que fizemos e, apesar de me elogiar dizendo que eu tinha a virtude de ser espontâneo em frente às câmeras, alertou que os meus *offs* — aquela voz que fica "por trás" das imagens — eram horríveis. Então, com toda a sua experiência, prontamente se colocou à disposição para que eu pudesse aperfeiçoar essa parte e dispôs do seu tempo para me ensinar várias técnicas, inclusive participando de algumas gravações. Nem preciso dizer que depois disso os *offs* melhoraram muito!

O processo de gravação foi incrível e a equipe criou um laço muito forte. As locações e os empreendedores, escolhidos a dedo para serem entrevistados, também colaboraram muito para deixar o ambiente ainda mais leve e descontraído.

Essa foi somente uma das frentes que surgiram. Além dessa aventura no audiovisual, apareceu também outra oportunidade muito legal, que foi o convite para participar do projeto "Meu futuro negócio", da Firjan, a Federação das Indústrias do Estado do Rio de Janeiro. Lá, também em 2015, integrei a banca de jurados de investimento em alguns projetos que ficariam incubados por alguns meses.

De todas as apresentações, uma em especial impressionou a todos: a Kuba Áudio, um fone de ouvido de alta qualidade, com design diferenciado, feito com arco de madeira e peças substituíveis. Após o discurso dos fundadores, Leonardo Drummond e Eduarda Vieira, ficamos surpreendidos com o potencial da empresa, e eu, particularmente, fiquei impressionado com o quanto poderiam entender de fone de ouvido.

Todos os jurados da banca também se impressionaram. Então, nos juntamos e fizemos o primeiro investimento na empresa. O produto era tão bom que em 2018 a Kuba Áudio foi parar no programa de televisão *Shark Tank*, onde conseguiram outra rodada de investimento.

* * *

Esses foram projetos que acabei tocando sozinho, mas ao longo desse tempo abri também outros negócios com o pessoal do Brownie do Luiz. Infelizmente alguns fecharam, como uma rede social universitária, um laboratório de reutilização de materiais, uma empresa de água e um centro de yoga — afinal, a maior parte das empresas no Brasil vai à falência nos primeiros anos e acabamos entrando para as estatísticas.

Descobrimos da pior maneira que é preciso ter uma pessoa inteiramente dedicada ao negócio, que dorme e acorda pensando na empresa o tempo todo.

Eu já fazia isso no Brownie. E achei que conseguiria dar conta de tocar duas empresas ao mesmo tempo. Doce ilusão... Para que isso acontecesse seria preciso achar novos sócios, de confiança, que alavancassem o negócio, porque os meus sócios também não conseguiriam se dividir entre as atividades do Brownie e de outro empreendimento.

A primeira empresa em que conseguimos usar todo o conhecimento e infraestrutura que já tínhamos para criar um novo negócio foi a distribuidora Lupe. Na verdade, ela foi criada pelo meu irmão e sócio, Lucas, juntamente com nosso grande amigo Pedro Lisboa. Eles aproveitaram a capacidade ociosa das entregas dos nossos veículos e de outra empresa parceira, o Atelier dos Sabores, para distribuir outros produtos.

Atualmente a Lupe funciona em um galpão próprio em São Cristóvão e distribuímos diversos outros produtos, como os sucos Do Bem, o refrigerante orgânico Wewi, o açaí Juçaí e o Yuca Pão de Queijo, entre outras marcas.

O Yuca Pão de Queijo, aliás, que é feito à base de tapioca e parmesão, é o melhor pão de queijo que já comi na minha vida. E não falo isso só porque faço parte da empresa. Hoje ele já é vendido em vários lugares no Rio de Janeiro e São Paulo e, se você for na minha casa, é mais certo você encontrar pão de queijo do que brownie.

Bem longe da cozinha, em plena pandemia, fui me aventurar no mundo digital. Sempre quis empreender nesse mercado. E um grande amigo, o Bruno Jallad, me trouxe uma ideia que, diferentemente das minhas outras empresas, era muito inovadora e ainda não existia.

Um Cafofo é a primeira plataforma de aluguel e venda de imóveis 100% voltada para a comunidade. Como era um mercado novo, que eu tinha pouco conhecimento, chamei o Hamilton Silva, outro amigo e empreendedor que admiro demais, para entrar no projeto conosco.

Passamos mais de um ano desenvolvendo a plataforma, mas sabíamos que, além de um site funcional, para esse negócio dar certo, a divulgação era fundamental, principalmente no início. Então chamamos a última peça que faltava para completar nosso quadro societário. O ator Jonathan Azevedo, o Neg, entrou para agregar na área de comunicação e divulgação.

* * *

Mas não parei por aí. E, atualmente, o projeto que estou mais animado é a Dudalu, uma banda formada por mim e minha namorada, Dani Guimarães, que há 16 anos atua e canta.

Estamos juntos na vida há sete anos e a música sempre foi algo que nos conectou. Tocando violão, piano, violino, cantando... não importa a forma, diariamente a música acorda e dorme com a gente. Fizemos até um estudiozinho em casa pra gente se divertir...

Só que essa diversão foi ficando séria. E pensamos: se temos essa paixão em comum, por que não começarmos a compor para tentar expressar por ali quem somos, como somos e por que somos? Ter uma banda sempre foi um sonho de criança. Foi assim que surgiu a Dudalu. E, se você ainda não conhece, já está disponível em todas as plataformas digitais.

Foram três novos negócios criados em pleno *lockdown*: o Cafofo, a Dudalu e um outro que ainda estamos desenvolvendo com o pessoal do Coco Legal — como ainda está em um estágio embrionário, prefiro só contar num próximo livro.

Estou com 32 anos e desde os 15 tenho um negócio que sempre demandou muita dedicação. Então, acredite! Se você tem um sonho ou uma ideia maluca, mesmo que isso pareça impossível para muitas pessoas, faça acontecer. Mas lembre-se que o caminho é árduo e de muito trabalho.

Por isso, esteja sempre atento às oportunidades, que estão em todo lugar: em uma receita de brownie, nas sobras do tabuleiro, nas latas que vão para o lixo, na madeira do transporte que se transforma em móveis, no espaço ocioso da logística, em um pão de queijo diferente, em um fone de ouvido ou em um sonho de criança de ter uma banda e escrever um livro.

Impressão e Acabamento:
BMF GRÁFICA E EDITORA